carol shinoda

PRO PÓSITO DE VIDA

um guia prático para desenvolver o seu.

Edição Especial

Benvirá

Copyright © 2024 by Carol Shinoda
Todos os direitos reservados.

Direção executiva Flávia Alves Bravin
Direção editorial Ana Paula Santos Matos
Gerência editorial e de projetos Fernando Penteado
Adaptação de diagramação Lais Soriano
Capa Tiago Dela Rosa
Impressão e acabamento EDIÇÕES LOYOLA

Dados Internacionais de Catalogação na Publicação (CIP)
Vagner Rodolfo da Silva - CRB-8/9410

S556p   Shinoda, Carol
Propósito de vida: um guia prático para desenvolver o
seu / Carol Shinoda. - São Paulo : Benvirá, 2024.
248 p.

ISBN 978-65-5810-099-7 (Impresso)

1. Autoajuda. 2. Desenvolvimento pessoal. I. Título.

CDD 158.1
2024-2840   CDU 159.947

Índices para catálogo sistemático:
1. Autoajuda   158.1
2. Autoajuda   159.947

1ª edição, janeiro de 2024

Nenhuma parte desta publicação poderá ser reproduzida por qualquer meio ou forma sem a prévia autorização da Saraiva Educação. A violação dos direitos autorais é crime estabelecido na Lei n. 9.610/98, e punido pelo art. 184 do Código Penal.

Todos os direitos reservados à Benvirá, um selo da Saraiva Educação.
Av. Paulista, 901, 4º andar
Bela Vista - São Paulo - SP - CEP: 01311-100

SAC: sac.sets@saraivaeducacao.com.br

CÓDIGO DA OBRA   706499   CL   671220   CAE   846240

Dedico este livro ao meu filho, que foi gerado em meu coração enquanto essa obra estava sendo desenvolvida.

Sumário

· · · · · · · · · · · · · · · · · · ·

PREFÁCIO 9

AGRADECIMENTOS 13

NOTAS DA AUTORA.. 15

PREPARAÇÃO: Como este guia foi planejado para você? 19

Aquecendo os motores: por que e para que ler este livro? 21

1. O QUE É PROPÓSITO DE VIDA? 25

Mitos sobre o Propósito 28

Mito 1: propósito é apenas para os "iluminados" 28

Mito 2: propósito tem que ser algo grandioso 29

Mito 3: propósito é só para os ricos 29

Mito 4: propósito é único para toda a vida 31

Mito 5: propósito é algo voltado ao sucesso individual 33

Mito 6: propósito é a solução para todos os problemas.................. 34

O propósito ao longo da História 37

O conceito de Propósito de Vida 44

Intenção futura 45

Altruísmo 47

Singularidade 49

Implementação 51

Diferenciando conceitos: Identidade, Valores, Projeto de Vida

e Propósito 53

Identidade x Propósito... 53

Valores x Propósito 55

Projeto de Vida x Propósito 61

2. O PROCESSO DE DESENVOLVIMENTO DO PROPÓSITO 65

Modelos voltados à identificação do Propósito 67

Como o Propósito se desenvolve ao longo da vida? 78

Pilares influenciadores do Propósito 81

Canvas do Desenvolvimento do Propósito 86

3. DESENVOLVENDO O SEU PROPÓSITO EM 5 ETAPAS..91

Etapa 1 – Autoconhecimento: como me tornei quem sou hoje? 92

Atividade 1 – História de Vida 94

Atividade 2 – Personalidade 115

Atividade 3 – Valores.. 124

Atividade 4 – Qualidades e Desafios 130

Atividade 5 – Cartinhas (3C's) 133

Atividade 6 – Subpersonalidades 141

Atividade 7 – Obituário.. 146

Atividade 8 – Aprendizados: quem você é? 152

Atividade 9 – Integrando seus aprendizados de Autoconhecimento

no Canvas... 153

Etapa 2 – Empatia: como olhar além de mim? 155

Atividade 1 – Entrevista empática.. 159

Atividade 2 – A personalidade do seu oposto 163

Atividade 3 – Troca de cadeiras 168

Atividade 4 – Necessidades do Mundo 173

Atividade 5 – Dia a dia empático 177

Atividade 6 – Juntando as peças 179

Atividade 7 – Integrando seus aprendizados de Empatia
no Canvas 182

Etapa 3 – Experimentação: vamos para o mundo! 184

Atividade 1 – Definindo seu MVP 185

Atividade 2 – Aprendizados do meu MVP 190

Etapa 4 – Visão de futuro e planejamento: como me estruturar
para os próximos os passos? 191

Atividade 1 – Roadmap 191

Atividade 2 – Projeto de Vida 194

Etapa 5 – Sustentação: garantindo a perpetuidade 199

Atividade 1 – Gestão do Tempo Pessoal 200

Atividade 2 – Estratégias para sustentação 217

4. AJUDANDO OUTROS EM SEUS PROPÓSITOS 227

Aos Pais 227

Aos Professores 230

Aos Líderes 234

Aos Influenciadores 237

MENSAGEM FINAL 241

PARA SABER MAIS! 242

REFERÊNCIAS 245

PREFÁCIO

....

Em tempos normais ou em tempos de crise, não há tema mais importante: qual é o propósito de nossa vida? Por que hoje cedo acordamos, nos levantamos da cama, escolhemos um livro para ler, um sonho para alimentar, um curso para nos matricular? Quais as motivações pessoais que nos animam, os interesses que partilhamos com os outros? Tanto em nível pessoal quanto coletivamente, sobretudo em termos políticos, quais os projetos que dão significado a nossa vida? Entre as poucas certezas, algumas verdades que emanam do senso comum: "não há vento que ajude um barco sem rumo", "quem tem um porquê, arruma um como, e a recíproca não é verdadeira", ou, em outras palavras, "sem propósito não há vida em sentido humano".

Eis a temática do presente texto, e, convenhamos, não é pouco. O que há algum tempo era assunto para gurus de autoajuda ou para atividades de capacitação de gestores, tornou-se conteúdo curricular da escola básica. Refletir sobre o propósito da vida humana tanto em sentido pleno quanto na busca da caracterização da vocação pessoal e do sentido da vida individual tornou-se assunto presente em rodas de conversa de pais e de educadores, de psicólogos e de gestores, de todos os que lidam com formação pessoal em sentido pleno.

Para instrumentar sua viagem, a autora parte de sua consistente formação acadêmica e dialoga com competência e espírito crítico com obras de um amplo espectro de autores que trataram especificamente da temática em questão. Com discernimento, mas com prudência, evita fechar questões relativas a temas especialmente ricos e complexos como a religião em suas raízes dogmáticas ou o pragmatismo em sua dimensão ética. Não se furta a navegar em tais águas revoltas, mas pondera e busca certa fusão de horizontes, uma espécie de confluência de racionalidades, sem identidades nas visões. Com sua prancha marota, mergulha numa onda gigantesca, desaparece no túnel das águas traiçoeiras, mas logo retorna em pé, pronta para novos embates.

Um aspecto fundamental na temática em exame é o fato simples, de natureza verdadeiramente acaciana: não se pode ter projetos (ou propósitos) sem os outros, nem se pode ter projetos pelos outros. No primeiro caso, ter-se-ia como resultado um individualismo temperado por egos inflados; no segundo, estaríamos dando vida ao desvio de viver a vida pelo outro. O que resta, então, ao pai, ao professor, ao coach, a todos os que exercem consciente e legitimamente algum tipo de autoridade é a expectativa de um equilíbrio responsável, que não se deixa seduzir por extremos absolutamente indesejáveis, como o são a intolerância e a prevaricação. A autora, no texto, assume responsabilidades, inspira ações, sugere considerações, mas em nenhum momento busca viver a vida pelo outro, ou ter projetos pelos outros, o que constituiria uma anomalia semântica. O título do trabalho é sutil, mas não deixa dúvidas: o guia ajuda, mas é você que deve descobrir o propósito de sua vida.

Outro aspecto especialmente importante, sobre o qual pouco ou nada se fala diretamente, mas que está presente ao longo do texto, é o fato de que a autora conhece perfeitamente os limites entre o que pode e o que não pode ser matematicamente programado na vida humana, entre o que pode e o que não deve ser reduzido a uma tarefa algoritmizável. Jamais lideraria, portanto, uma empreitada em busca de um algoritmo para, digamos, descobrir o caminho para a felicidade. Tacitamente, trabalha em seu texto com canvas muito bem arquitetados e outros esquemas sofisticados para a representação do pensamento na construção de estratégias para o reconhecimento de chamamentos internos e abertura de portas às vocações pessoais, explicitando projetos de vida. Procura tornar tal explicitação o mais simples possível, sem esquecer o precioso lembrete de Einstein: "Tudo deveria ser feito da maneira mais simples possível; não mais simples do que isso." Em sintonia com tal preceito, a autora em nenhum momento afirma que a construção de um propósito para a vida possa ser considerada uma tarefa programável, algoritmizável: o último tempero, a última pitada da tarefa, por mínimos que pareçam, resultam de construções poéticas, de ações humanas impregnadas de sentimento. Não decorrem apenas da racionalidade lógica, mas, como diria Pascal, estão em sintonia com razões do coração.

NÍLSON JOSÉ MACHADO
Professor Titular (Sênior) da Faculdade de
Educação da Universidade de São Paulo

Agradecimentos

· ·

Esse livro é o resultado das inúmeras contribuições que tive a honra de ter recebido ao longo da minha vida.

A começar pelos meus pais, Carlos e Valéria, que me ofereceram amor incondicional e muito apoio desde cedo para a minha formação e desenvolvimento. Sou grata pela escuta infinita, pelo acolhimento e apoio. Agradeço também à minha irmã, por me ver de verdade, e sempre me incentivar a seguir meu caminho verdadeiro.

Agradeço de coração aos meus terapeutas (e foram muitos anos de terapia!), pois foi com eles que consegui compreender quem sou e me senti capaz de trazer esse autoconhecimento para outras pessoas. Márcia Bittar, durante o colegial, que me ajudou a entender minha identidade de forma mais integral. Laila Pincelli, que por 12 anos me acompanhou com muito amor e paciência e me ajudou a aceitar quem eu era, incluindo minha vulnerabilidade como parte natural de qualquer ser humano. Helenice Almeida, que me apoiou a integrar minhas sombras. Dr. Rômulo de Mello-Silva, que com suas sabedoria e gotinhas homeopáticas mágicas criou uma fórmula para eu gerenciar a minha ansiedade, contribuindo para a minha vida ser mais serena.

Agradeço à Talita Cordeiro, grande amiga, mentora, coach... que desde quando nos conhecemos no mestrado da FEA/USP me ajudou a evoluir em minhas entregas para o mundo (dissertação, tese, workshops, MBA, livro). A Talita é uma pessoa de muita luz e que sei que tem um canal direto com uma sabedoria universal que traz a serviço das pessoas. Obrigada por me ajudar a ser sempre melhor.

À Carolina Costa Cavalcanti, obrigada por me incentivar a publicar meu livro. Não vou esquecer nosso passeio na beira do mar, em que me mostrou como eu já tinha muita clareza dos próximos passos da minha carreira, a começar por este livro.

Obrigada ao querido mentor Armando Terribili que me ofereceu orientações detalhadas e muito úteis, que só um veterano seria capaz de oferecer (nem sabia o que eram "orelhas" de um livro antes da nossa primeira conversa).Quero agradecer aos amigos que apoiaram na leitura das versões iniciais do livro e me ofereceram valiosas contribuições: Armando Terribili, Carlos Shinoda, Carol Cavalcanti, Eduardo Galinskas, Leila Oliveira Brito, Mariane Roque, Marisa Bussacos, Mayara Blaya, Nilson José Machado, Silvia Troiani e Talita Cordeiro.

Um agradecimento a cada especialista que contribuiu com seus conhecimentos escrevendo trechos para este livro: Alberto Nery, Carolina Costa Cavalcanti, Daniela Silvares, Helena Talita Cordeiro, Leila Oliveira Brito, Marisa Bussacos, Raylla Pereira de Andrade, Sandra Quinteiro e Tony Tarantini.

Sou muito grata à Debora Guterman, que no seu breve retorno como consultora na Benvirá, me ofereceu sua leitura experiente, detalhada e amorosa. Fernando Penteado, obrigada pelo acolhimento, paciência e cuidado em meu processo na Benvirá. Você é muito verdadeiro. Neto Bach, te agradeço pela leitura atenta e condução de todo o processo de edição para materializar este livro.

E, finalmente, Emerson Ordonhes, meu marido e grande amigo, obrigada por ser meu fã e me amar como sou, por inteiro. Você certamente é parte da minha razão de viver.

Notas da autora

·····················

Esse livro nasceu da vontade de apoiar pessoas a identificarem um sentido para suas vidas.

Para conseguirmos definir uma intenção futura para nossa vida é necessário entender quem somos, nossos valores, capacidades, interesses e paixões. E esse autoconhecimento costuma trazer algumas angústias no processo de descoberta, mas também permite que tenhamos mais paz ao ter clareza do que de fato importa.

Refleti bastante sobre o motivo por trás dessa vontade de ajudar pessoas a se conhecerem e definirem um Propósito de Vida. Nos meus estudos sobre de onde nascem os Propósitos, percebi que muitas vezes eles vêm de um lugar de falta, no sentido de escassez. Heather Malin, diretora do centro de pesquisa em Stanford que estuda Propósito de Vida (*Purpose*), diz que circunstâncias adversas podem oferecer a faísca que acende o propósito. É uma ideia de "eu não tive tal coisa na vida e consegui depois a duras penas, então quero ajudar pessoas a não terem que sofrer com essa mesma falta".

No meu caso, o que mais senti falta durante a infância e a adolescência foi de ter mais autoconhecimento para lidar com meus sentimentos de ansiedade e de angústia. E, quanto mais eu puder ajudar outras pessoas nesse caminho do autoconhecimento, mais me sinto acendendo a "chama" do meu Propósito de Vida.

Sempre fui uma "angustiada de carteirinha". Minha mãe dizia que quando eu era pequena, não podia me contar que no dia seguinte teria festinha de algum amigo, senão eu não conseguia dormir de ansiedade. Lembro na adolescência de não conseguir pegar no sono e ir conversar um pouco com meu pai, que estava sempre naquela serenidade dele assistindo TV na sala, e de ele me acalmar, dizendo que estava tudo bem e logo eu conseguiria dormir. No colegial, a angústia de estudar em um colégio bastante competitivo que mostrava a minha posição no ranking em cada matéria. E depois durante a faculdade e anos iniciais da profissão, me debater com a dúvida se conseguiria ser boa em alguma área.

Foram muitos anos de terapia para entender quem eu era (e seguimos aqui nessa missão!) e perceber que eu tinha muitas capacidades, valores e forças. Isso me trouxe mais tranquilidade. E pessoas importantes que me indicaram oportunidades que fizeram muita diferença para minhas escolhas.

Descobri que amo ser professora e amo apoiar pessoas a se desenvolverem. Acho que é uma certa herança de um pai professor e de uma mãe psicóloga.

Tive a oportunidade de fazer doutorado e unir gestão de projetos (onde comecei minha carreira) e coaching, estudando Projetos de Vida e Propósito. Percebi a importância que um método estruturado tem para essa trajetória de descoberta sobre o sentido da vida. Assim, esse livro tem a proposta de ser um guia, com perguntas, atividades e conteúdos organizados de forma a orientar esse processo de autoconhecimento e definição do seu propósito. É uma das formas de eu colocar meu Propósito no mundo.

Pesquisei muitos livros sobre o tema antes de começar a escrever. Percebi que alguns traziam essa proposta de atividades de autoconhecimento, mas sem necessariamente uma pesquisa científica que embasasse esse processo. Decidi então escrever um livro que pudesse reunir pesquisas relevantes sobre o tema de Propósito e, ao mesmo tempo, fosse acessível e gostoso de ler, pois o conhecimento científico estaria a serviço das descobertas pessoais do leitor.

Então, querido leitor ou leitora (por favor, entenda que mesmo que eu utilize o termo no masculino, tenho plena consciência que há pessoas de todos os gêneros aí desse lado!), convido você a esta jornada de autoconhecimento.

Lançar-se ao desconhecido demanda coragem. Que você encontre o seu motivo para querer enfrentar essa caminhada. Minha irmã costumava ter um post-it na frente da escrivaninha dela escrito: "lembre-se do porquê você começou isso" (*"remember why you started"*). Isso dá força para os momentos de dificuldade.

Vamos juntos!

CAROL SHINODA
@carolshinoda.proposito

PREPARAÇÃO

Como este guia foi planejado para você?

. . . .

Esse guia traz uma **combinação de teoria e prática**. A teoria está embasada em pesquisas sobre o tema Propósito. Muitas destas pesquisas foram realizadas quando escrevi minha tese de doutorado. Escolhi aquelas que mais podem contribuir para a compreensão do que é Propósito, como ele se desenvolve ao longo do tempo e quais fatores podem ajudar na sua descoberta e desenvolvimento.

A parte prática será oferecida por meio de atividades de reflexão e de exercícios de planejamento e experimentação. Eles foram utilizados na minha pesquisa da tese e pude perceber que ajudaram na identificação e desenvolvimento do Propósito das pessoas que participaram do estudo.

A ideia de chamar este livro de **guia** é para que ele seja um espaço para você, leitor (e participante desse processo!), registrar suas reflexões, praticar exercícios e apoiá-lo ao longo dessa trajetória. A proposta é ser uma leitura ativa, que saia do espaço do livro e vá para a sua vida. Espero que você esteja animado para fazer esta jornada!

A seguir, deixo algumas orientações sobre como aproveitar melhor a sua experiência:

1. **Defina os dias e horários na sua semana em que planeja se dedicar à leitura e às atividades.** Será logo cedo, antes de iniciar o dia? Antes de dormir? Apenas aos finais de semana? É como fazer atividade física: se for praticar seu esporte apenas "quando der", é bem possível que você vá sempre deixando para depois... e aí não cuida de você da melhor maneira. E costuma ser mais efetivo refletir um pouco por dia ou por semana do que devorar muitas páginas em um curto espaço de tempo e depois deixar o livro "encostado" por várias semanas. Ao distribuir sua leitura no tempo, você se dá oportunidade de refletir no seu dia a dia estimulado por aquele conteúdo que focou sua leitura.

2. **Registre seus aprendizados ao longo do processo.** Há pessoas que gostam de grifar o livro com canetas coloridas e de fazer desenhos ao lado das páginas. Há outras que preferem manter um caderno à parte ou ainda registrar suas reflexões no celular ou em um arquivo no computador. Use o que for melhor para você, mas procure não manter o que aprender só na cabeça, pois a tendência é acharmos que nunca vamos esquecer nossas reflexões, mas após poucos dias já nos esquecemos. Então mergulhe nesta jornada: assista aos vídeos, faça as atividades que proponho a você e, ao longo do processo, registre! Escolha a melhor forma de registro para você, mas não deixe de externalizar suas descobertas. É um esforço que vale a pena!

3. **Respeite seus limites.** Há atividades que podem mexer muito com você. Não se force a tirar todas as pedras de cima das suas dores mais profundas. Vá percebendo com cuidado e amorosidade o que está pronto para olhar e o que ainda não é o momento. E se sentir necessidade, busque um psicólogo para ajudá-lo a lidar com aspectos mais difíceis. Não vá além do que está pronto para lidar.

4. **Compartilhe com alguém seus aprendizados durante a jornada.** O psiquiatra norte-americano William Glasser já nos mostrou que aprendemos apenas 10% do que lemos, 70% do que discutimos com os outros e 90% quando ensinamos aos outros. Então, pode ser uma boa prática conversar com alguém em quem você confie sobre as suas reflexões e aprendizados. E quem sabe até ensinar para outras pessoas o que for aprendendo em sua jornada? :)

Aquecendo os motores: por que e para que ler este livro?

Eu venho da área de Gestão de Projetos e aprendi que quando iniciamos um projeto é uma boa prática ter clareza da sua "justificativa". Isso significa refletir e registrar os motivos de valer a pena investir tempo, energia e outros recursos (dinheiro, competências, disposição emocional) para realizar esse projeto.

Então, convido você a anotar aqui **a sua justificativa** para este seu projeto de desenvolvimento.

REGISTRO DAS REFLEXÕES

Se você é muito perfeccionista, sugiro que escreva a **lápis** nos espaços propostos neste guia. Assim você pode escrever à vontade e apagar (se necessário), sem receio de já ter algo muito definitivo. Você pode usar também o recurso dos **post-its**. Assim pode mudar diversas vezes o que escreveu (inclusive ao longo do tempo, caso queira refazer o trajeto do livro em outro momento da vida). Se preferir fazer suas anotações em outro lugar como um caderno, celular ou computador, abra seu novo espaço de anotações agora para iniciar o registro dos seus aprendizados. Isso vai permitir fazer associações e avançar nas suas descobertas. Apenas recomendo que não deixe suas reflexões somente "na cabeça", pois isso tende a ser menos efetivo para o seu desenvolvimento. ;)

Escreva a seguir a sua resposta para a pergunta:

Justificativa – Por que dedicar o meu tempo para refletir sobre o meu Propósito de Vida?
Em outras palavras: por que estou começando a ler este livro?

Apesar de o seu motivo ser algo muito único, vou dar alguns exemplos de possíveis justificativas:

- Acho que tenho uma boa ideia do meu propósito, mas quero ter certeza de que estou no caminho certo.
- Sempre me interessei por assuntos de autoconhecimento, mas percebo que ainda falta alguma coisa para eu descobrir o que quero fazer.
- Quero usar melhor meu tempo e sentir que a minha vida está fazendo sentido.
- Sou um pouco cético quanto a esse tema de Propósito, mas tenho curiosidade... então acho que vale a pena investigar sobre o assunto.
- Me sinto perdido e angustiado e não quero isso para mim. Quero ter mais alegria na minha vida.

Não se sinta na obrigação de se "encaixar" em nenhum dos exemplos acima. O que importa é o SEU motivo. Não existe resposta certa ou errada para qualquer questão que seja sobre você. O importante é que seja verdadeiro e faça sentido para você.

E um cuidado: vejo muitas pessoas com aquele pensamento na linha de "depois eu faço essa parte, eu só quero fazer uma primeira leitura agora". Ou mesmo aquela ideia perfeccionista de "eu quero fazer um caderno LINDO para essas anotações, então por enquanto só vou ler e depois vou refazer tudo com calma". Muitas vezes esses são recursos da nossa mente para nos proteger das dificuldades de fazer esse processo. Agarre seu projeto de desenvolvimento pelas orelhas e faça acontecer! Não deixe para escrever suas reflexões "depois, no momento ideal".

Tendo clareza da sua justificativa, vamos dar mais um passo e registrar o **seu objetivo** com esse processo. Talvez você pense: "mas eu acabei de escrever minha justificativa... não é a mesma coisa?".

Uma coisa é **o porquê** você decidiu começar esse processo (justificativa). Outra coisa é o **para que** você quer fazer isso (objetivo). Às vezes esses dois pontos são parecidos, mas o primeiro está ligado ao passado ("por que eu comecei isso?") e o segundo está relacionado ao futuro ("para que eu quero terminar isso?").

Por exemplo, a minha justificativa para escrever este livro – e escrevê--lo neste momento da minha vida – foi querer oferecer para as pessoas o que eu aprendi com a pesquisa da tese e aproveitar o tempo antes de ter um filho para poder me concentrar em preparar este projeto. Isso foi o porquê comecei. Já o meu objetivo (futuro) foi possibilitar que pessoas fora do mundo acadêmico pudessem ter acesso ao método que eu desenvolvi e, assim, eu pudesse ajudá-las a identificar seus Propósitos de Vida. Além disso, queria que o livro pudesse ser uma porta de entrada para projetos futuros de desenvolvimento de pessoas (workshops, palestras, rodas de conversas). Foi por isso que achei que valia a pena terminar o livro.

É importante tentar ser o mais específico possível, para você conseguir depois avaliar se conseguiu alcançar o que queria. Por exemplo, se você definir que quer simplesmente "ampliar o seu nível de autoconhecimento", como poderá saber se chegou aonde queria? Se ampliar só um pouquinho já terá sido suficiente? Procure então deixar bem claro o que você quer ver realizado ao final do seu processo de desenvolvimento (para que vale a pena terminar este livro).

Objetivo – Ao final desse processo, quero ser capaz de:
(para que quero terminar este livro)

Caso esteja sentindo dificuldades para definir seus objetivos, vou trazer exemplos. Lembre-se que são apenas referências, não se sinta obrigado a adotá-los.

Ao final desse processo, quero ser capaz de....

- Me sentir mais autoconfiante para tomar minhas decisões, ao saber o que de fato é importante para mim.
- Me sentir com mais autoestima, reconhecendo as forças que construí ao longo da minha história.
- Definir um Propósito que tenha sentido para mim.
- Experimentar realizar algo relacionado ao meu Propósito para validar se estou no caminho certo.
- Decidir se quero me comprometer com um Propósito de Vida, elencando prós e contras.
- Identificar meus sabotadores e definir um plano para contorná-los.
- Sentir que a vida vale a pena ser vivida e que tenho muito a contribuir com o mundo.

Muito bom!

Imagino que a esta altura talvez você possa estar pensando: "Nossa, achei que eu só iria ler um livro gostosinho sobre Propósito! Isso aqui vai me dar um trabalho...". :)

Eu sei que as reflexões que proponho para você não são fáceis. No entanto, tenho confiança de que elas podem ajudá-lo de forma verdadeira a identificar o que tem sentido para você. Encontrar um Propósito para a nossa vida não é tarefa fácil, mas vale a pena viver esse processo de descoberta.

Não quero que você se sinta obrigado a preencher todos os espaços deste livro, fazer todos os exercícios, assistir todos os vídeos que eu indicar. Não precisa fazer tudo 100%, como se isso fosse o verdadeiro caminho do sucesso. Faça 100% do que você achar que vale a pena para você.

Procure encontrar dentro de você os motivos que o animam a fazer este esforço de desenvolvimento.

···················

DICA 1

Tenha clareza do porquê e para que
você quer fazer essa jornada

···················

1

O que é Propósito de Vida?

· · · · · · · · · · · · · · · · · · · ·

Propósito de Vida é um tema presente na filosofia, na religião, na educação e na vida diária. Envolve crenças, que vão desde a existência ou de um sentido para a vida, até quem define esse sentido (Deus ou a pessoa) e o que é necessário para se ter um Propósito.

Neste capítulo vamos discutir os mitos envolvendo o tema Propósito de Vida. Será que Propósito tem que ser algo grandioso, que alcance toda a humanidade? Talvez seja algo reservado apenas aos seres "iluminados"? Muito provavelmente só quem já tem a vida resolvida financeiramente pode se dar ao luxo de querer encontrar seu Propósito, não é mesmo? E será que o Propósito é imutável, único para toda a vida da pessoa?

Em seguida, faremos um breve resgate histórico para mostrar como o propósito foi discutido desde os tempos de Aristóteles (há mais de 2.000 anos) até os tempos atuais pelos pesquisadores de Stanford. Somente esse estudo poderia ser um livro completo. Aqui vamos fazer uma passagem breve, pois o grande foco é você definir o que acredita ser Propósito de Vida, ou seja, o que faz sentido para você.

Vou compartilhar também os elementos propostos por pensadores de campos diversos, tais como Psicologia, Administração, Educação e Espiritualidade. Cada um traz perspectivas importantes e, mesmo que você não concorde com tudo o que eles propõem, podem ajudar a refletir o que tem e o que não tem sentido para você.

Discutiremos também diferenças conceituais entre Propósito de Vida, Identidade, Valores e Projeto de Vida.

Começaremos pelas aproximações e diferenças entre Propósito e Identidade. Esses conceitos caminham muito juntos e um depende do outro para existir. No entanto, apesar de a maior parte das pessoas conseguir definir a sua identidade (que é um passo fundamental para a definição do propósito), nem todas chegam a identificar um Propósito de Vida. Logo, apesar de a identidade ser necessária para a definição do propósito, não é condição suficiente.

Vamos debater também a diferença entre Valores e Propósito. O nosso propósito está muito atrelado aos nossos valores, mas não é a mesma coisa. "O que queremos fazer" está mais relacionado ao nosso propósito, mas "por que queremos fazer" está mais próximo dos nossos valores. E podemos ter valores claros, sem exercê-los no mundo. Uma pessoa pode sentir-se generosa, bondosa e amorosa, mas se não faz nenhuma ação para expressar esses valores para outras pessoas não está realizando um propósito.

Vamos também diferenciar Projeto de Vida e Propósito de Vida. Nas pesquisas acadêmicas no Brasil sobre "*Purpose*" (termo em inglês), há uma tendência a se utilizar a tradução como "Projeto de Vida". Isso está muito ligado ao campo da Educação, especialmente após a Base Nacional Comum Curricular (BNCC) introduzir a necessidade de as escolas trabalharem os projetos de vida dos alunos. No entanto, no mundo dos negócios, o termo "Propósito" ganhou muito mais força. E, do ponto de vista dos conceitos da administração, de onde eu venho, não faria sentido chamar uma intenção (algo que não tem um fim definido) de "projeto". Isso seria um contrassenso, pois um dos elementos definidores de um projeto é ter começo e fim definidos.[1] O que temos são diferentes Projetos de Vida na direção do nosso Propósito.

---

1. PROJECT MANAGEMENT INSTITUTE – PMI. *Um Guia do Conhecimento em Gerenciamento de Projetos* (Guia PMBOK). 6. ed. Pensilvânia: Project Management Institute, 2017.

E, ao final dessa parte mais conceitual, vou trazer algumas pesquisas que mostram como o propósito pode ser desenvolvido desde a infância.

Antes de acessar os conceitos propostos por outras pessoas, quero pedir que faça uma **reflexão inicial sobre o que é Propósito de Vida para você**. [Não vale ler as próximas páginas! Sem *spoilers*!!]. Não precisa ainda registrar o que imagina ser o SEU Propósito, mas apenas o conceito do que é Propósito de Vida na sua opinião. Se quiser, pode registrar aqui também as suas dúvidas e questionamentos para acompanhá-lo ao longo da leitura dos próximos capítulos.

Na sua opinião, o que é Propósito de Vida?

Quando discuto em aulas e workshops o conceito de Propósito, as pessoas costumam apresentar visões muito diferentes. Há quem acredite que o propósito é a nossa missão ou objetivo maior na vida. E dentro dessa crença, há aqueles que acham que a missão é dada por Deus e outros que acham que somos nós que escolhemos nosso propósito. Existem diferentes concepções também sobre o impacto de um propósito. Há uma ideia para algumas pessoas de que o propósito precisa ser algo "grandioso", que impacte milhares de pessoas. Ou ainda que o propósito seja reservado somente àqueles que têm dinheiro e não precisam se preocupar com como sobreviver (seria um luxo). Alguns relacionam propósito ao que queremos "ser" (ser uma pessoa do bem, ser alguém dedicado). E tem pessoas que acham que não existe um sentido maior para nós. E desde já vale esclarecer que o propósito para cada pessoa depende de suas crenças. Aqui vamos definir propósito de acordo com os estudos científicos sobre o tema, mas o convite é para que analise esta proposta e os diferentes aspectos que compõem o conceito de Propósito de Vida e ver o que tem sentido para você.

Legal. Então vamos lá discutir esse tema!

....

DICA 2
Defina o que significa Propósito de Vida
para você
....

Mitos sobre o Propósito

Propósito é um tema cheio de mistério e sedução. Tem um "ar especial" de algo difícil de ser conquistado. No entanto, exatamente por toda essa aura em torno dele, a ideia de buscar nosso Propósito costuma trazer também muita angústia. E uma sensação de peso, de cobrança.

Percebo que parte dessa sensação vem dos mitos que acreditamos sobre o que TEM QUE SER o Propósito de Vida. Por isso, vamos começar discutindo alguns desses mitos.

Propósito é algo possível para todos. Para mim, para você, para todos.

Mito 1: propósito é apenas para os "iluminados"

Escuto muitas pessoas justificando que não têm um Propósito porque estão muito longe de serem a Madre Teresa de Calcutá ou o Ghandi. No entanto, o Propósito não é reservado apenas para alguns seres "iluminados".

Vi diversas pessoas se iluminando nos workshops de desenvolvimento de Propósito. E não apenas nos workshops que eu ofereço (não vamos aqui começar a criar mais um mito do tipo "só é possível descobrir o propósito se fizer o workshop da Carol Shinoda"! Rs). Ao longo da vida, se deixarmos os nossos botões da observação e da reflexão ligados, fazemos muitas descobertas sobre o que tem sentido para nós.

Compreender o que queremos construir ao longo da nossa vida e o que importa deixarmos como legado é algo possível para cada um de nós. Esse mito da iluminação anda de mãos dadas com o próximo mito...

Mito 2: propósito tem que ser algo grandioso

Quando pergunto para as pessoas qual é o Propósito que elas têm, percebo um sorriso meio envergonhado em algumas delas que me dizem: "ah... o que eu quero não é nada demais... não é assim um Propóooosito".

E aí trazem propósitos lindos e muito dignos do tipo: "eu *só* quero ajudar a minha família e garantir que eles não passem nenhuma necessidade" ou "eu *só* quero criar bem os meus filhos e transmitir bons valores para eles".

Não há um tamanho "mínimo" para podermos classificar uma intenção como Propósito. Há um requisito que veremos ao longo do livro de ser algo que atinja não apenas você mesmo, mas não precisar ser algo voltado a toda a humanidade. Pode ser uma intenção voltada à sua família e aos amigos. Isso já é Propósito.

O importante é ser uma intenção verdadeira. De nada adianta lançar grandes palavras ao vento, vazias de significado. Isso não vai energizá-lo para fazer acontecer na prática. Lembre-se de que menos pode ser mais. Foque naquilo que realmente importa para você, isso é grande o suficiente.

Mito 3: propósito é só para os ricos

Ah... esse mito eu escuto demais! E vou dizer que é um belo sabotador de sonhos.

O dinheiro vira o grande culpado para a pessoa não dedicar esforços para refletir sobre o que quer para a vida dela. "Eu não tenho como ficar sonhando com essas coisas bonitas de Propósito não... tenho que ganhar a vida".

E precisa ser "OU"? Ou trabalho para ganhar dinheiro ou me dedico a refletir sobre o meu Propósito de Vida? Será que podemos pensar no "&" ("e"). Meu trabalho garante meu sustento & tem sentido para mim. Que tal?

Sei que não é simples. Muitas pessoas que buscam meu workshop de Propósito dizem que se sentem presas a uma rotina de trabalho estressante, fazendo algo que não gostam, mas que não têm a menor ideia do que fazer para mudar.

O que é Propósito de Vida? **29**

Gosto muito de alguns exercícios que nos provocam a refletir quando estamos nesse cenário.

1) Imagine que você ganhou na Mega-Sena e tem todo o dinheiro do mundo. Mudaria algo na sua vida? Muita gente me responde: "ÓBVIOOO! Mudaria tudo!". Então o que impede você de começar a fazer essa mudança desde já?

2) Suponha que você recebeu um diagnóstico de que tem apenas mais um ano de vida. O que faria nesse ano? Se for muito diferente do que você já faz hoje, o que está esperando para começar a buscar viver essa vida?

Sei que talvez você tenha até mudado de cor depois dessas atividades. Talvez esteja vermelho de raiva. Peço para direcionar essa energia a seu favor. Pode ficar bravo comigo alguns dias. Tudo bem. No entanto, depois convido você a usar essa força para fazer uma mudança.

Essa mudança não precisa ser brusca, de uma hora para outra. No entanto, é importante começar essa transição em algum momento. Senão, daqui a 20 anos você provavelmente estará na mesma situação. Isso pode ser evidente, mas quando estamos na situação, não acreditamos que isso acontecerá. Dizemos para nós mesmos: "logo eu vou mudar, vou fazer alguma coisa", mas ano após ano essa promessa é renovada, sem ser cumprida.

E aí caímos em uma imagem forte. A do "ofurô de m...." (não vou completar essa frase, mas digamos que é um palavrão que começa com "mer" e termina com "da"). Quentinho, mas que cheirava mal. Ela já sabia disso, mas imagina sair dali? Teria aquela fase de levantar e ter que se dar conta de tudo aquilo, o cheiro seria pior no início... que preguiça de sair desse ofurô quentinho. Mas será que vale a pena passar a vida nesse lugar?

Às vezes vem o medo de ficar sem dinheiro se fizermos uma mudança. E é um medo legítimo. Precisamos nos preparar, juntar uma reserva financeira para fazer uma transição segura. E vale pensar: quanto você precisa para viver? Será que só é possível viver com o salário que tem agora? Nada pode ser ajustado para começar a viver uma vida que vale mais a pena?

30 Propósito de vida: um guia prático para desenvolver o seu

Prem Baba, líder espiritual e autor do livro "Propósito: a coragem de ser quem somos", nos convida a diferenciar o Propósito do Ego do Propósito da Alma. O Propósito do Ego é aquele que formamos a partir do contato com a sociedade, como forma de nos defendermos. É importante para proteger o desenvolvimento do ego. Já o Propósito da Alma é aquilo que realmente viemos oferecer, a partir de quem somos na essência, sem necessidade das máscaras. Para que possamos saborear algumas frutas, precisamos retirar a casca (que teve um papel essencial para o desenvolvimento, mas agora não permite que entremos em contato com a melhor parte dela).

Acho que já está bom de provocações, né? Não quero que feche o livro, mas às vezes é importante dar aquelas cutucadas do bem. :)

E voltando ao mito, essa história de que propósito é só para quem é rico não faz sentido. Há pessoas ricas que sentem que levam vidas vazias e pessoas que vivem com poucos recursos e têm um claro motivo para levantar da cama todos os dias e irem à luta. Há pesquisas mostrando que não há relação entre dinheiro e propósito.[2]

O dinheiro é um dos recursos que pode ajudar na realização dos nossos projetos, assim como conhecimento, tempo, pessoas com conexões. No entanto, podemos desenvolver caminhos alternativos quando temos restrições. Todo projeto tem restrições. Então não vamos colocar o dinheiro como limitador para procurar uma vida com sentido.

Mito 4: propósito é único para toda a vida

Não há como saber se existe um propósito para cada pessoa (se isso é uma verdade). Isso depende da crença de cada um. Há pessoas que acreditam que Deus faz essa escolha para cada um de nós, há pessoas que acreditam que cada um escolhe seu propósito antes de vir para a Terra e há aquelas que acreditam que nós definimos nosso propósito aqui e agora.

No entanto, independente da crença, quando uma pessoa se propõe a identificar um Propósito para se orientar, essa descoberta é feita

---

2. MALIN, H. *Teaching for Purpose: preparing students for lives of meaning.* Cambridge, Massachusetts: Harvard Education Press, 2018

aos poucos. É como acender uma lanterna no escuro: conforme caminhamos, enxergamos melhor o nosso contexto e o próximo passo na trajetória.

Assim, não podemos nos cobrar de encontrar a nossa frase definitiva de Propósito para toda a nossa existência. Podemos sim ganhar clareza sobre a nossa intenção e o que tem sentido para orientar a nossa vida, mas é natural que o propósito mude ao longo da vida. A cada nova experiência podemos rever nossa intenção.

As pesquisas sobre o desenvolvimento do propósito mostram que de fato as pessoas mudam seu propósito (na minha pesquisa de doutorado também percebi isso). Isso acontece porque descobrimos novas fontes de sentido. E o mundo oferece oportunidades e desafios que nos fazem ajustar nossas intenções. Nós estamos em constante interação com o mundo externo, seus desafios e oportunidades.

Por exemplo, quando eu era adolescente, tinha a intenção de ser política (na verdade, queria ser presidente do Brasil!), pois queria ter condições de ajudar as pessoas a terem mais oportunidades. Eu não imaginava que trabalharia com Gestão de Projetos e que depois iria me interessar por coaching e acabaria estudando Projetos de Vida e Propósito. Algumas mudanças fui eu que procurei diretamente, mas outras chegaram para mim e eu decidi embarcar. Por exemplo, Gestão de Projetos apareceu para mim em uma época que eu estava desempenhando um péssimo trabalho na área de Marketing e, para não me demitirem, me ofereceram a chance de tentar uma nova área. E isso me possibilitou muitas coisas boas depois, mas eu não teria como saber antes de viver, de caminhar.

Meu pai costuma dizer que é fácil ser "profeta do passado". Quando já trilhamos o caminho, fica "óbvio" que aquela seria a nossa rota. No entanto, o caminho se faz ao caminhar, como nos advertiu o poeta espanhol Antonio Machado.

Um ponto importante ligado a esse mito do Propósito único para a vida toda: não pense que uma vez que você identificou um propósito para você, chegou ao "paraíso dos propósitos", ao final do jogo da vida. É natural que em outro momento você passe a sentir que não sabe mais qual é o sentido da vida. Não é um caminho linear.

Às vezes queremos nos apegar a um mundo de certezas, seguro, mas a maior certeza que podemos ter é a de que as coisas vão mudar. Nosso autoconhecimento costuma ser crescente e nos ajuda a tomar decisões de forma mais tranquila conforme o tempo passa, mas sempre será preciso reavaliar, ajustar. Então largue o peso das certezas infundadas e pegue sua prancha para navegar nas águas da vida... caminhar em direção ao propósito é um processo dinâmico.

Mito 5: propósito é algo voltado ao sucesso individual

Eu, eu mesmo e meu próprio Propósito de Vida. Esse culto ao individualismo da nossa sociedade atual não combina muito com propósito.

Ué, mas esse livro não é para eu encontrar o meu próprio propósito? Sim, sim. Porém, o Propósito de Vida é algo que queremos fazer a partir de nós, mas para outras pessoas além de nós.

Esse componente ALÉM DE SI talvez seja uma grande chave para encontrar o Propósito e para usufruir de todos os benefícios de uma vida com sentido.

É claro, cada pessoa tem a liberdade de definir um objetivo focado somente em si. No entanto, os estudiosos de Propósito apontam para a necessidade de direcionar nossa intenção para algo ou alguém além de nós mesmos para que seja um propósito de fato. Veremos isso mais à frente no livro em mais detalhes.

Por ora, posso dizer que há estudos comparando pessoas que têm intenções somente voltadas a si (ter uma boa carreira, divertir-se, ganhar dinheiro, ser reconhecido) e voltadas a algo além delas (ajudar outras pessoas, criar coisas novas, servir ao país, ajudar família e amigos), e a percepção de benefícios é muito mais significativa para o segundo grupo.

Quando fazemos algo somente para nós é claro que nos sentimos bem. No entanto, quando fazemos algo para outras pessoas a sensação de bem-estar é maior e dura mais.

Ouvi uma vez que existe uma imagem que representa a diferença entre o céu e o inferno. Em ambos os contextos as pessoas têm o braço torcido para um lado e, portanto, não conseguem se alimentar diretamente. No inferno, as pessoas lutam para tentar colocar comida na própria boca mesmo com o braço torcido. Já no céu, todos se alimentam bem, pois oferecem comida à pessoa ao lado.

Isso não significa dizer que você deve esquecer de você e só focar nos outros. Essa seria uma ajuda esvaziada de si. A ideia é servir a outras pessoas ou a uma causa, mas a partir de você, das suas melhores qualidades.

E um ponto importante a ser esclarecido é que fazer algo além de si não significa apenas ajudar em causas sociais como combater a desigualdade, a fome e o preconceito. Você pode ter a intenção de levar beleza para o mundo por meio da sua arte, inspirar jovens por meio do esporte, reduzir obstáculos para empreendedores prosperarem em seus negócios.

Vejo pessoas justificando que ainda não têm condições de ajudar ninguém, pois primeiro precisam "se ajudar". No entanto, nunca estaremos totalmente prontos e bem-resolvidos. Se formos esperar encher nosso potinho para só aí o que "sobrar" oferecer aos outros, talvez isso nunca vá acontecer. E gera uma sensação de vazio, mesmo quando o nosso pote está quase cheio.

Temos uma riqueza enorme de recursos. Dinheiro é um deles, mas temos valores, capacidades, conhecimento, conexões. Tenha certeza de que hoje você já tem muito a oferecer para outras pessoas.

Mito 6: propósito é a solução para todos os problemas

Há pessoas que acreditam que uma vez que descobrirem seus Propósitos de Vida, acabou o sofrimento! Aí é só ser feliz todos os dias. Se está com essa esperança, sinto desapontá-lo.

Existe sim uma sensação maior de bem-estar, que vem muito da realização de se saber o porquê vale a pena viver. No entanto, realização não significa ficar alegre todos os dias.

Dá trabalho descobrir nosso Propósito de Vida e dá muito trabalho para realizá-lo no mundo por meio dos Projetos de Vida. Vou explicar essa diferença logo mais, mas uma coisa é nossa intenção (Propósito) e outra é fazer essa intenção acontecer no dia a dia (Projetos).

Essa ideia de um dia alcançar a perfeição, de chegar no topo da montanha e não precisar mais se esforçar é uma idealização. E digo isso sendo alguém que com uns 25 anos de idade disse para a terapeuta que achava que sim, era possível ser perfeita. Era só se dedicar bastante. Ah... foram 12 anos de terapia! Rs! E agora já tenho plena convicção de que não tem jeito: vou ter sempre que melhorar, evoluir. Faz parte do que é ser humano.

Então, descobrir o seu Propósito não vai resolver todos os seus problemas, mas traz a força para resolvê-los, uma vez que sabe aonde quer chegar e o que precisa superar para caminhar cada vez mais nessa direção.

Ao discutir estes mitos, percebemos que Propósito não é reservado apenas aos iluminados, aos que querem impactar toda a humanidade, aos ricos. Vimos que nosso Propósito pode sim ir mudando ao longo da vida. Já sabemos que não basta ter uma intenção somente voltada a si. E, finalmente, já percebemos que vai dar trabalho mesmo depois que soubermos qual é o nosso Propósito! :)

·······················
DICA 3
O Propósito está ao alcance de todos
·······················

Após essa reflexão sobre os mitos relacionados ao Propósito de Vida, quero convidá-lo a uma análise sobre como você se vê quanto ao seu Propósito.

ENQUETE

*Com qual categoria de Propósito você
mais se identifica neste momento?*

William Damon, diretor do centro de estudos sobre jovens de Stanford, identificou algumas categorias em relação ao Propósito de Vida. A pesquisa foi feita com pessoas jovens e no contexto dos Estados Unidos, mas os resultados parecem servir para diferentes faixas etárias e ser aplicável também no contexto brasileiro. Na minha pesquisa da tese e nos workshops e aulas que ofereço, as pessoas conseguem se identificar bastante com estas categorias propostas.

É importante deixar claro que essas categorias são mutáveis: uma hora podemos nos classificar como "sonhadores" e em um momento seguinte como alguém "com propósito". Não é uma classificação definitiva.

Então, nesta fase da sua vida, com qual categoria você se identifica? (circule a alternativa que você percebe que tem mais a ver com seu momento)

A) Desengajado

- Não acredito que haja um Propósito de Vida para cada pessoa, e se existir, não estou muito preocupado em descobrir o meu propósito.
- Quero ter o máximo de prazer na vida e evitar o que for chato ou difícil para mim.
- Estou mais focado nos meus próprios objetivos pessoais, como progredir na minha carreira, comprar um carro, um apartamento, viajar bastante.
- Sei que o mundo está cheio de necessidades, mas nesse momento não posso ajudar ninguém. Tenho que focar em mim mesmo primeiro.

B) Sonhador

- Tenho planos grandiosos para alcançar. Quero chegar longe e deixar um legado importante para o mundo.
- Tenho vários projetos em mente para o futuro, mas ainda não os coloquei em prática.
- No momento presente até faço algumas atividades que um dia vão me ajudar a realizar meus objetivos maiores (exemplo: estou estudando ou cuidando do meu autodesenvolvimento), mas ainda não implemento grandes ações para fazer meu propósito acontecer.

C) Amador[3]

- Estou empenhado em fazer coisas que percebo que gosto, mas não sinto que encontrei exatamente o que eu amo fazer.
- Já encontrei algumas "pistas" do que é importante para mim. Agora falta encaixar as peças para entender o que faz sentido eu fazer como Propósito maior.

---

3. Na classificação da pesquisa de Damon, o nome para esta categoria foi "dabblers", que pode ser traduzida por "amador". No livro traduzido para o português – DAMON, W. *O que o jovem quer da vida?* Como pais e professores podem orientar e motivar os adolescentes. São Paulo: Summus, 2009. – Essa categoria foi traduzida como "superficiais". No entanto, ao pesquisar pessoas que se identificam com este estágio, parece que o termo "amadores" parece mais adequado, pois a pessoa está tentando se tornar profissional, apenas ainda não conectou todos os pontos.

- Estou mais concentrado no momento presente, conquistando coisas importantes para mim agora.
- Até tenho planos para o futuro (metas pessoais), mas acredito que mesmo que eu consiga alcançar estas metas, não terei deixado um legado significativo na minha vida.

D) Com Propósito
- Sinto que encontrei algo importante para me dedicar, que impacta outras pessoas.
- Venho sustentando ações no sentido dessa causa, construindo passo a passo um caminho na direção do que almejo alcançar.
- Sei por que fazer estas coisas é relevante para mim.
- Ao me dedicar a esta causa sinto que expresso quem eu sou e entrego o que tenho de melhor.

E então? Com qual categoria você mais se identifica neste momento? E não se cobre de estar na categoria "com Propósito". Muitas vezes é necessário viver momentos em que nos sentimos extremamente desengajados para reunir forças para termos um Propósito. É preciso sermos sonhadores para nos inspirar e aí podermos implementar ações concretas no mundo. Também é necessário experimentar diferentes coisas e ser um amador antes de virar profissional. O importante é ser honesto com você. De nada adianta "fingir" que tem um Propósito claro. Isso evita que olhemos para o que nos falta e busquemos evoluir.

Ao final de toda a sua trajetória com este guia, vamos voltar a esta reflexão.

Agora que já desmitificamos um pouco o tema Propósito e você analisou com qual categoria se identifica, vamos fazer uma breve retomada do tema ao longo da História?

O propósito ao longo da História

A discussão sobre o sentido da vida é antiga e está relacionada à razão de viver e à busca por felicidade.

Os primeiros registros que temos vêm dos gregos a partir da ideia de *Eudaimonia*, que seria uma ética da felicidade. Para Aristóteles (384-322 a.C.), a *Eudaimonia* seria a excelência humana, que é alcançada quando conseguimos praticar atitudes virtuosas. As virtudes seriam uma medida justa entre dois vícios. Por exemplo, a coragem seria o meio-termo entre a temeridade (excesso) e a covardia (deficiência), assim como o recato, situado entre a timidez e falta de vergonha.[4]

Vale destacar que para Aristóteles uma boa vida estaria ligada à contemplação. O trabalho seria feito por escravos (não eram considerados cidadãos) e pelos artesãos. Essa visão está muito relacionada ao contexto da época. Seria maravilhoso poder conversar com Aristóteles hoje e perguntar a ele como adaptaria essa visão para o nosso mundo atual, em que o trabalho tem outro sentido social e econômico.

Sócrates (470/469-399 a.C.) traz uma contribuição ao tema da Ética. Costumava passear pelas ruas de Atenas perguntando para as pessoas comuns quais seriam os seus valores. Acreditava que as ações moderadas e a justiça – especialmente praticadas pelos governantes – levariam as pessoas à felicidade.[5]

Epicuro (341-270 a.C.) dedicou-se ao tema da felicidade relacionando-a ao prazer. O prazer que levaria à felicidade seria a ausência da dor e não a busca da alegria, que poderia escravizar o homem.[6] Isso modifica a visão hedonista (prazer ligado a maximizar a alegria) a partir da noção de racionalidade e moderação.

Percebe-se que a tanto a visão trazida por Epicuro quanto pela corrente hedonista apresentam uma busca <u>individual</u> pelo prazer, que difere da *Eudaimonia* relacionada à busca por um bem comum.[7]

Seguindo a linha do tempo, temos registros na Bíblia sobre o tema Propósito. Essa discussão poderia ser um estudo para uma vida inteira. Para cumprir o objetivo de fazer uma breve retomada histórica, vou trazer apenas algumas passagens que mostram uma visão de propósito

---

4. THE SCHOOL OF LIFE. *Grandes Pensadores.* Tradução de Beatriz Medina. Rio de Janeiro: Sextante, 2018.

5. PORFÍRIO, F. *Eudaimonia.* Disponível em: https://mundoeducacao.bol.uol.com.br/filosofia/eudaimonia.htm. Acesso em: 17 jun. 2020.

6. BATISTA, J. C. O. *A ética dos filósofos*: Aristóteles e Epicuro. Disponível em: https://www.conteudojuridico.com.br/open-pdf/cj047069.pdf/consult/cj047069.pdf. Acesso em: 17 jun. 2020.

7. THE SCHOOL OF LIFE, 2018.

como um sentido comum para todos os seres humanos, ligado a fazer o bem e amar a Deus.

> Sabemos que Deus age em todas as coisas para o bem daqueles que o amam, dos que foram chamados de acordo com o seu propósito. – Romanos 8:28

Há algumas passagens que indicam que Deus teria uma missão para cada ser humano na Terra:

> Porque somos criação de Deus realizada em Cristo Jesus para fazermos boas obras, as quais Deus preparou antes para nós as praticarmos. – Efésios 2:10

> 'Porque sou eu que conheço os planos que tenho para vocês', diz o Senhor, 'planos de fazê-los prosperar e não de causar dano, planos de dar a vocês esperança e um futuro'. – Jeremias 29:11

Essa visão baseada na Bíblia depende da crença de cada um. Não há como ter certeza do ponto de vista prático dessas proposições. É uma questão de sentir, de acreditar que faz sentido, assim como as ideias propostas pelos filósofos e pensadores.

O Renascimento foi um período importante para trazer uma nova visão de mundo, que o ser humano passou a ganhar um papel central. O desenho do Homem Vitruviano de Leonardo da Vinci é um dos retratos da filosofia da época, baseada no antropocentrismo (o homem como centro), em contraposição a uma visão teocêntrica, em que Deus estaria na base central das concepções de mundo. A ciência ganhou espaço a partir do pensamento racional e empírico.

No século XIX temos a concepção filosófica do Niilismo, que parte do princípio de que não existe um sentido para a existência humana. *Nihil*, em latim, significa "nada". Nessa perspectiva, por um lado há a libertação do ser humano de qualquer obrigatoriedade moral (religião, Estado, família), trazendo a responsabilidade para si. Por outro, como não há nenhum valor que oriente, pode-se chegar a comportamentos de "vale-tudo", que podem ser prejudiciais para o outro e para a vida em sociedade.

Indo no sentido oposto ao niilismo, após a Segunda Guerra Mundial, temos a figura de Viktor Frankl, que mesmo tendo vivenciado o holocausto e passado por quatro campos de concentração, publica o livro "Em busca de sentido" em 1946 (o título em alemão[8] pode ser traduzido como "Dizer sim à vida, apesar de tudo"). Na visão de Frankl, a vida sempre tem um sentido.

Segundo o Dr. Alberto Nery, estudioso da logoterapia – cura com base na busca por sentido –, Frankl teve que colocar à prova a sua teoria nos campos de concentração. Frankl percebeu que quando um de seus colegas de barracão queria "ir para o fio" (expressão que remete à prática de suicídio por meio de se jogar nos fios de eletricidade que cercavam o campo), se fosse incentivado a lembrar de algo que o esperava quando a guerra terminasse, conseguia recuperar sua vontade de viver. Frankl já apontava para a necessidade de nos dedicarmos a algo maior do que nós mesmos, uma ideia de autotranscendência.

VIKTOR FRANKL

Frankl foi um médico psiquiatra e neurologista nascido em Viena em 1905. Em 1942, devido ao regime nazista, teve que ir com sua família para os campos de concentração. Nessa época já estava criando a logoterapia, abordagem terapêutica com base na busca por sentido. Levou o manuscrito do seu livro consigo para os campos, mas teve que deixá-lo quando entrou em Auschwitz. E a vontade de reescrevê-lo e publicá-lo deu a ele um sentido para sobreviver. Percebeu que conseguir orientar as pessoas para um alvo no futuro (a esperança de reencontrar uma pessoa querida, por exemplo) ajudava a aumentar sua resistência nas duras condições em que viviam. Ele retoma em seu livro a frase de Nietzsche: "quem tem por que viver aguenta quase todo como".[9]

---

8. ... *trotzdem Ja zum Leben sagen: Ein Psychologe erlebt das Konzentrationslager*.
9. FRANKL, V. *Em busca do sentido*: um psicólogo no campo de concentração. 46. ed. Petrópolis: Vozes, 2019. p. 101.

Nos anos 2000, os psicólogos da linha da Psicologia Positiva como Csikszentmihalyi e Seligman contribuíram com a percepção de que a motivação humana pode vir de fontes proativas, ou seja, buscar de forma intencional um objetivo e valores que promovam um senso de propósito e não apenas reativas (no caso de Frankl, temos o sentido como algo para se ter resiliência em meio a situações adversas).

Em 2003, William Damon, professor e pesquisador da Universidade de Stanford, propôs uma definição conceitual para Propósito de Vida (em inglês, o termo usado é "*Purpose*"). Essa definição é utilizada como referência em diversos livros, artigos e teses na área de estudo sobre Propósito de Vida. Foi também a que escolhi como base para a minha tese de doutorado, pela relevância do Damon como pesquisador na área e por incluir diversas dimensões que percebi serem fundamentais para o conceito.

Em conjunto com outros pesquisadores, ele propôs que:

"Propósito é uma intenção estável e generalizada de alcançar algo que é ao mesmo tempo significativo para o eu e gera consequências no mundo além do eu".[10]

Vamos discutir mais profundamente essa definição proposta por Damon e suas colegas pesquisadoras, mas aqui já podemos perceber uma orientação para o futuro (é uma intenção), a importância do autoconhecimento para que possamos identificar algo significativo para nós e a necessidade de impacto além de si (chamado por ele de "*beyond the self*" ou em português, "além de si").

Essa proposição vai ao encontro de uma visão de cidadania, de um foco no bem comum. Nílson José Machado, professor da Faculdade de Educação da Universidade de São Paulo, traz essa discussão sobre a importância de os projetos estarem não somente nutridos por uma visão ética, do bem maior, mas buscarem estabelecer conexões de forma a se articularem em projetos coletivos.[11] Isso nos remete à vi-

---

10. DAMON, W.; MENON, J.; BRONK, K. C. The development of purpose during adolescence. *Applied Developmental Science*, v. 7, n. 3, p. 119-128, 2003.

11. MACHADO, N. J. *Educação*: projetos e valores. 6. ed. São Paulo: Escrituras, 2016.

são grega de *Eudaimonia*, que abriu a nossa discussão sobre Propósito. Retornamos então ao princípio da nossa retomada histórica. :)

Percebemos que há uma certa dualidade entre o EU e o OUTRO ao longo do tempo.

O quadro de Sandra Quinteiro, consultora de desenvolvimento humano e organizacional, complementa a nossa conversa ao apresentar um panorama histórico desde o período paleolítico até os dias de hoje, em que estamos na transição para um olhar menos individualista e mais coletivo.

O INDIVIDUAL E O COLETIVO EM NOSSO TEMPO

Sandra Quinteiro

Como colocar-se autenticamente no mundo, vivendo a individualidade em plenitude? Responder a essa pergunta é um dos desafios humanos.

Cada vez mais buscamos essa resposta e a história da humanidade pode nos ajudar a compreender como se dá o processo de desenvolvimento da autoconsciência humana.

No Paleolítico, a vida humana era baseada em caça e coleta, nos diferenciamos dos animais criando ferramentas e utensílios. Mais tarde, no Neolítico, com a agricultura e a domesticação dos animais, surgiram os primeiros aglomerados humanos. O ser humano percebia sobre o mundo fora de si, mas ainda sem autoconsciência. Não se compreendia que era possível escolher um modo de vida diferente daquele da realidade onde se estava inserido.

Podemos observar o despertar da consciência humana na Grécia. Cerca de 500 a.C., nasce o intelecto, e com ele os questionamentos e a percepção da possibilidade de escolha. A consciência da individualidade é despertada.

No início da Era Cristã, o Império Romano busca a expansão territorial, o que traz a necessidade de regulamentação da propriedade, representando outra marca no processo de individuação.

Cerca de 3000 a.C., no Egito, não existia a palavra "eu". A consciência era do grupo, que tinha o Faraó como representante do EU do seu povo.

Por volta do século XV, as ciências trazem objetividade e comprovações de fenômenos. O ser humano começa a dominar a natureza e a individualidade se manifesta cada vez mais fortemente.

Nos séculos XVII e XVIII, floresce o domínio da razão sobre a visão teocêntrica. Um dos principais filósofos do Iluminismo, Jean-Jacques Rousseau, defende a ideia de um estado democrático que garanta a igualdade para todos. Esse pensamento deu base para a Revolução Francesa, que proclamou os princípios universais de "Liberdade, Igualdade e Fraternidade". Esse período marca de forma profunda um momento de ampliação da autoconsciência humana.

Se por um lado isso é positivo, por outro revela uma desconexão do ser humano com a vida espiritual, já que a ciência tudo deveria explicar; com as tradições, pois a busca pelo novo se tornou fundamental; e com natureza, uma vez que a dominamos em nome do progresso.

Como resultado desse descolamento, temos de um lado um ser humano livre e buscador; de outro, um ser solitário, temeroso, competitivo e egoísta.

Nos tempos atuais, é possível reconhecer que, na maioria das vezes, vivemos com foco em nossas necessidades, tendendo a não perceber esse a quem chamamos *outro*.

Em contrapartida, surge uma corrente que busca a integração e uma reconexão com o que é essencial ao ser humano: uma vivência da individualidade em sociedade.

Em meio às forças da individuação e da integração, é preciso buscar o equilíbrio para ser o que se é e respeitar as escolhas, capacidades e limitações alheias e assim construirmos juntos o futuro que desejamos.

É tempo de reconhecer que somos parte de um todo, quaisquer que sejam as nossas crenças, as leis que nos regem e as condições socioeconômicas.

Compreender que o coletivo fortalecido será capaz de suprir as necessidades individuais é o desafio.

O futuro é coletivo.

Após a leitura desse conteúdo, o que foi mais marcante para você?

Registre o que fez mais sentido, com o que mais se identificou e até se algo o incomodou. Analise o que está por trás disso: o que levou você a gostar do que gostou? E se algo o incomodou, o que gerou esse incômodo?

Pessoalmente, o que mais me desperta interesse é a busca por um Propósito Coletivo. Unir pessoas em torno de uma intenção comum, a partir de nossas qualidades complementares, me parece um próximo passo. Já tive algumas oportunidades de vivenciar ações coletivas e foram muito especiais. Na sociedade ainda majoritariamente egocêntrica e individualista em que vivemos, há muitas oportunidades para construirmos projetos juntos, com base em uma intenção comum. Quero formar cada vez mais parcerias para levar esse propósito de apoiar o desenvolvimento do Propósito de Vida das pessoas para diversos contextos.

Se cada pessoa que acessar este guia ampliar sua consciência individual sobre seu Propósito de Vida e apoiar mais uma pessoa nesse mesmo processo, formaremos uma corrente do bem. E, assim, pouco a pouco, vamos ter pessoas mais conscientes e vivendo vidas com mais sentido. Para mim, essa é uma causa pela qual vale a pena viver.

Em seguida vamos detalhar o conceito de Propósito de Vida na atualidade.

O conceito de Propósito de Vida

Quando vamos discutir o conceito de Propósito de Vida é importante deixar claro que ele dependerá de crenças. Existem diferentes linhas de pensamento e proposições, assim como pontos de convergência entre elas. No entanto, no final do dia, o conceito de Propósito depende do que você acredita.

E, para iniciar essa conversa, vale lembrar que refletir sobre a razão da nossa existência é uma **atividade intrinsecamente humana**.

*"A capacidade de elaborar projetos pode ser identificada
como a característica mais verdadeiramente humana.
Somente o homem é capaz não só de projetar, mas também -
e primordialmente - de viver sua própria vida como projeto."*

Estruturar caminhos futuros e ter consciência da nossa caminhada é algo que somente o ser humano faz. Você não vê gatos, cachorros e papagaios ponderando sobre o sentido de suas vidas (se bem que às vezes vejo minha gata com umas expressões que me deixam na dúvida se ela não está refletindo sobre a sua existência. Rsrs!).

Apesar de não existir um consenso para o que é Propósito de Vida, vemos que muitas correntes de pensamento apontam para a mesma direção. E apesar de esta ser uma preocupação antiga, como já discutimos na nossa retomada histórica, as pesquisas científicas sobre o tema são recentes.

Muitos pensadores e pesquisadores indicam que o Propósito demanda um componente externo, de se colocar a serviço de algo ou alguém (além de si). Há também relativo consenso de que Propósito esteja voltado a uma intenção futura, algo que nos direciona a caminhar em sua direção. Além disso, estudos demonstram que o Propósito está relacionado a quem somos, a nossos talentos e qualidade. E há pesquisas apontando que o Propósito nos convida à prática, a ser implementado a partir de ações concretas.

Essas concepções foram organizadas em quatro elementos para fundamentar o conceito de Propósito de Vida: **intenção futura**, **altruísmo**, **singularidade** e **implementação**. Vamos discutir cada um deles a seguir.

Intenção futura

O Propósito está relacionado ao longo prazo, ao futuro. Não é algo que se possa ser concluído agora ou nos próximos dias.

Damon[12] diz que o propósito é uma espécie de objetivo, mas de maior alcance e mais estável do que objetivos mais comuns e de

---

12. DAMON, W. *The path to purpose*: helping our children find their calling in life. New York: Free Press, 2008. p. 33.

menor nível como passar em uma prova ou encontrar uma vaga de estacionamento.

No entanto, ainda que o foco esteja em um futuro de longo prazo, pode-se sempre ir progredindo em sua direção. Quem já tentou alcançar o **pote de ouro no fim do arco-íris** sabe a sensação de se ir em direção ao Propósito. Ele dá direção, porém sempre se move para frente, de forma que temos que continuar nos movimentando para tentar alcançá-lo. É a mesma ideia do pôr do sol no horizonte. Mesmo que conseguíssemos correr em sua direção, o sol sempre se move adiante.

Muitas pessoas me perguntam: podemos chegar a alcançar o nosso propósito em vida? Do tipo: "ufa, consegui! Já realizei meu Propósito de Vida!". No entanto, o **Propósito não é um ponto de chegada, é uma orientação ao futuro**. A ideia é que podemos sempre caminhar em sua direção, mas nunca o alcançar (apenas concluir os projetos relacionados a ele). Se temos como propósito contribuir para reduzir a fome no mundo ou apoiar a educação de jovens de baixa renda, não vamos "alcançar" esse propósito de forma completa. Porém, podemos fazer vários projetos que contribuam nesse sentido. E esses projetos sim são alcançados, finalizados e concluídos.

Essa intenção tem que ser para sempre? Aqui vamos trazer a contribuição do poeta Vinicius de Moraes em seu soneto de Fidelidade:

"Que não seja imortal, posto que é chama. Mas que seja
infinito enquanto dure".

Assim como é o amor, é o propósito. Ele pode ser modificado a partir da nossa vivência e identificação de intenções mais alinhadas com o que descobrimos sobre nós e sobre o mundo. No entanto, não pode ser um amor adolescente que muda a cada semana. É prevista certa estabilidade para permitir que seja um guia orientador das nossas ações.

Não se pode estabelecer um tempo padrão, pois isso muda muito de pessoa para pessoa. O que se pode esperar é que ter um propósito possa orientar os nossos próximos passos no mundo.

Então essa ideia de que o Propósito de Vida é a própria Vida ou viver o agora (*"carpe diem"*) não encontra muito fundamento nas pesquisas sobre o tema. Viver o presente tem mais a ver com uma vida significativa, em que se vivencia os valores no dia a dia, do que uma vida com sentido (Propósito). Veremos essa distinção entre significado e sentido (valores e propósito) mais adiante. Por ora, é importante percebermos que o Propósito está relacionado a uma intenção voltada ao futuro.

Altruísmo

O foco "além de si" é um componente fundamental do propósito. Talvez a chave mais importante que leve aos benefícios associados a se ter um Propósito.

Viktor Frankl já alertava para a necessidade de transcendência, de nos direcionarmos a algo além de nós mesmos:

> Porque o sucesso, como a felicidade, não pode ser perseguido; ele deve acontecer, e só tem lugar como efeito colateral de uma dedicação pessoal a uma causa maior que a pessoa, ou como um subproduto da rendição pessoal a outro ser. – Frankl no prefácio à edição de 1984.

Além de Frankl, outros pensadores reforçaram a importância do componente que chamamos de altruísmo:

- William Damon, em sua definição conceitual de Propósito, inclui a dimensão do "além de si" (*"beyond the self"*, em inglês) ao dizer que o Propósito é uma intenção de alcançar algo relevante para si e que gere consequências no mundo além de si.
- Rick Warren, pastor evangélico batista dos Estados Unidos, inicia seu best-seller internacional sobre Propósito de Vida com a frase: "Você não é o foco". Ele critica a perspectiva autocentrada da busca pelo propósito e propõe que comecemos a colocar Deus como ponto de partida.
- Seligman, que é referência no campo da Psicologia Positiva, diz que o sentido da vida acontece "quando servimos a algo maior do que nós".
- Nilson José Machado, professor da Faculdade de Educação da Universidade de São Paulo (USP), relembra que aqueles que não eram considerados cidadãos na Grécia (escravos, estrangeiros e mulheres)

e, portanto, não podiam se ocupar da vida pública, eram chamados *idiotes* (indivíduos privados, que só poderiam se preocupar consigo).

- Prem Baba, líder espiritual, conta em seu livro que nos livramos do karma praticando o "serviço desinteressado". O karma é a lei cósmica de causa e efeito, a ideia de que o que você faz no mundo, retorna para você. Para que nossas ações não gerem reação, elas devem estar desprovidas de interesses egoístas.

Ao que tudo indica esse aspecto do altruísmo parece ser bem essencial para o Propósito... :)

Assim, nesse entendimento, uma pessoa que desenvolve ações focadas exclusivamente no seu sucesso pessoal (ter uma boa carreira, conseguir bens materiais ou mesmo ser considerado o melhor profissional em determinada área) não está vivendo com propósito.

E é importante trazer aqui que muitas pessoas têm boas intenções e querem ver as outras felizes, mas não tiveram/não se deram a oportunidade de olhar para as necessidades além de si. O contexto em que fomos criados (nossa família, escola) pode influenciar nesse aspecto, seja estimulando o olhar empático para as necessidades de outras pessoas ou fomentando um espírito de competição na linha "que vença o melhor".

O fato é que praticar atos voltados a outra pessoa traz benefícios muito mais significativos e duradouros do que somente atos voltados para nós mesmos.

Frankl retoma Kierkegaard dizendo que "**a porta da felicidade abre para fora, fechando-se para quem tenta abri-la empurrando-a**". Então.... não adianta forçar a barra. Se não conseguimos identificar pessoas ou causas importantes para nós, mas externas a nós, não teremos um Propósito de fato.

Não adianta investir todo o tempo, dinheiro e energia somente no autodesenvolvimento se não conseguir alocar esse talento todo a favor de algo. E não é necessário que esse aspecto além de si seja algo considerado grandioso, nobre. Você não tem que querer mudar o mundo ou ajudar pessoas em condição de alta vulnerabilidade social. Pode ser algo mais próximo, como sua família, amigos e pessoas do seu meio social. O importante é que seja uma contribuição que vá além de você.

Minha percepção é que quando começamos a nos conectar com outras pessoas, ainda que no nosso círculo mais próximo, ativamos um botão empático que depois não dá para desligar. :) Quando menos você espera, está se sensibilizando com a causa do seu vizinho, do porteiro do prédio, do padeiro, do menino que apareceu no jornal e aí o alcance da sua empatia é expandido.

O aspecto ético do propósito cabe aqui nesse elemento. Compreender os impactos que temos como cidadãos nos ajuda a estabelecer um olhar além de nós. Apesar de alguns autores entenderem que possam existir tanto propósitos éticos quanto antiéticos, vamos aqui incorporar a premissa de que um Propósito de Vida deva ser voltado ao bem comum. Isso é importante, pois se vamos comparar os benefícios de se ter propósito (em relação a pessoas que não têm clareza quanto a isso), temos que garantir que estamos falando do mesmo tipo de propósito e que, neste caso, naturalmente estamos entendendo que sejam éticos. Não acredito que se possa dizer que uma pessoa com um propósito voltado ao bem de outros tenha os mesmos benefícios em termos de saúde física e mental, longevidade, sentimento de gratidão e empatia (entre inúmeros benefícios) que alguém com uma intenção de fazer mal à humanidade.

Nesse guia teremos uma seção inteira para praticar esse olhar empático e ético. Por ora, vamos apenas começar a entender a importância de uma atenção além de si.

Singularidade

Apesar de direcionado ao outro, o Propósito é definido a partir de si. Portanto, como cada um de nós tem uma trajetória única e um conjunto de valores e talentos exclusivos, o nosso propósito é singular.

Isso não impede que tenhamos Propósitos Coletivos, mas é necessário termos consciência da nossa parte no todo, o nosso motivo, o que faz com que tenha sentido para nós fazer parte dessa intenção conjunta.

Para isso, precisamos reconhecer nossos interesses e talentos. E isso nos leva ao conceito de *spark*.

Os *sparks* poderiam ser traduzidos para o português como faíscas. Uma ideia de algo com potencial para inflamar, tomar uma dimensão mais intensa e se alastrar. Peter Benson é um dos pesquisadores no tema e conceitua que os *sparks* são chamas escondidas nas crianças que as deixam empolgadas, coisas que as inspiram e motivam, são paixões, talentos, ativos, habilidades e sonhos. Vemos aqui que na definição temos tanto os interesses (coisas que gostamos de fazer) quanto os talentos (coisas que somos bons em fazer ou que temos potencial para nos tornarmos bons).

Acho que vale separar as dimensões de interesses (o que amamos fazer) dos talentos (aquilo que somos bons em fazer). Afinal, nem sempre nos tornamos bons em coisas pelas quais nos interessamos. Quantos amantes de esporte conhecemos que não são bons jogadores? E o inverso também pode ser verdadeiro, pois às vezes temos talentos em coisas que não nos interessamos. Cozinheiros "de mão cheia" que não se animam em ir para cozinha ou artistas natos que não têm a menor empolgação de pegar em um pincel.

É claro que existe o caso em que temos interesse por algo e isso nos impulsiona a desenvolver capacidades na área. Também o fato de termos potencial para algo pode nos despertar interesse por isso (o apoio da família e dos amigos pode dar um incentivo para nos animarmos com aquela nossa capacidade). Porém, vale esclarecer que são dois aspectos distintos.

O processo de autoconhecimento é fundamental para identificar nossos aspectos singulares. E nossa história de vida é um dos pontos-chave para entender quem somos hoje e como nos tornamos essa pessoa. Ao rever nossa trajetória, podemos identificar interesses, paixões, potenciais, talentos, ou seja, diversos *sparks* que podem trazer potencial para acender nosso propósito.

Inclusive os eventos negativos na vida podem ser importantes fontes de *sparks*. Heather Malin, pesquisadora no tema de Desenvolvimento de Propósito e diretora de pesquisa no Center on Adolescence de Stanford, nos explica que o Propósito se desenvolve em resposta às circunstâncias da vida de uma pessoa, e contextos adversos podem prover as faíscas que inflamam o propósito. Há uma bela frase de Rumi, poeta sufi do século XIII nesse sentido:

"A ferida é por onde a luz entra em você"

Vale observar que da mesma forma que a escassez pode prover faíscas para o nosso propósito (me faltou algo na vida e não quero que falte para outras pessoas), também a abundância pode ser fonte de propósito (recebi tanto e não acho justo que outras pessoas não tenham isso que tive). Então quando formos fazer esta atividade de resgate da sua História de Vida mais adiante, vamos ter especial atenção para a escassez e abundância que viveu. Isso gera os motivos para querermos nos empenhar em trabalhar ações no mundo, dar energia para fazer acontecer.

Implementação

O Propósito deve ser implementado, realizado na prática. Não adianta apenas "ser", mas temos que "fazer algo". O Propósito é algo que nasce dentro de nós, mas colocamos para fora, trazemos para o mundo externo por meio das nossas ações e projetos.

Não basta ter uma bela intenção de contribuir com algo além de si, que possa ser gerado por meio sua capacidade, mas não fazer nenhuma ação real para concretizar essa intenção. Caso contrário, ficaremos na categoria dos Sonhadores de Damon.

O Propósito pode começar por um sonho, mas depois precisa ser materializado. E os projetos são o caminho para isso (em breve vamos discutir essa diferenciação entre Projetos de Vida e Propósito de Vida).

E aqui aquela história do ovo e da galinha também é útil para compreendermos que nem sempre temos a definição do nosso propósito primeiro e as ações depois... às vezes fazemos coisas, vivemos experiências e, a partir delas, de repente, nos damos conta que elas concretizam o nosso propósito!

Então, se você for mais do tipo que primeiro pensa e depois faz, considere realizar algumas ações que lhe interessam (mesmo que não sejam derivadas de um propósito muito definido, pois ele talvez ainda não seja tão claro para você) para depois ter elementos para pensar mais sobre seu Propósito. E se você for mais do tipo "fazedor", que sai fazendo e às vezes nem se dá conta do sentido do que está fazendo, convido você a dedicar alguns momentos na sua rotina para a reflexão. Este guia já pode ser o começo desse novo hábito.

Então vamos à definição de Propósito de Vida que eu acredito que englobe os principais elementos importantes:

"Propósito de Vida é a intenção de colocar suas capacidades a serviço de algo significativo para você e com impacto além de si, por meio de projetos de vida."

Nessa definição temos o elemento da intenção futura, do altruísmo (com impacto além de si), da singularidade (colocar suas capacidades a serviço de algo significativo para você) e da implementação (por meio de projetos de vida).

Com o tempo, podemos evoluir para construir um propósito coletivo, que seria a reunião de propósitos individuais em prol da construção de um projeto em comum, a partir da reunião dos talentos individuais. E esse propósito coletivo pode ser constituído por um grupo pequeno de pessoas, mas também pode incluir toda a humanidade. Damon aponta que algumas intenções ambiciosas e inatingíveis durante a vida da pessoa podem ser uma fonte de intensa motivação.[13]

Agora que entendemos alguns elementos fundamentais para definir o Propósito, vamos fazer algumas diferenciações importantes entre Propósito de Vida e outros conceitos correlatos para termos clareza dos limites e intersecções entre eles.

---

13. DAMON, 2009.

Diferenciando conceitos: Identidade, Valores, Projeto de Vida e Propósito

Identidade x Propósito

Vejo pessoas que dizem que seu Propósito de Vida é "ser uma pessoa boa" ou "ser um excelente profissional em determinada área". A identidade (quem se é) e o propósito (o que se faz) têm uma relação muito próxima, mas não são exatamente a mesma coisa.

Kendall Bronk[14] é uma estudiosa na área de Propósito e Identidade. Ela afirma que ambos os processos de identificação de propósito e da identidade acontecem durante a adolescência e primeiros anos da vida adulta. No entanto, chama a atenção para o fato de que apesar de os jovens conseguirem realizar o processo de desenvolvimento da identidade, apenas uma pequena parcela deles desenvolve um claro senso de propósito na vida.

Bronk fez uma pesquisa com adolescentes classificados como exemplares quanto a seus propósitos ao longo de quatro anos e meio. Para serem considerados exemplares, atenderam aos critérios de terem compromissos duradouros para objetivos significativos e de longo prazo, serem ativamente engajados em seus objetivos e terem impacto no mundo além de si.

Ela verificou que ter um Propósito ajuda na formação da Identidade, uma vez que isso influencia como os jovens se enxergam frente ao mundo (identidade social) e os ajuda a ter um maior senso de quem eles são (identidade do ego). Além disso, a formação da identidade reforçou compromissos quanto ao propósito, uma vez que as pessoas próximas desses adolescentes começaram a identificá-los (e até diferenciá-los das demais pessoas) exatamente por causa de seus propósitos. Isso solidificou seus compromissos quanto a seus propósitos de vida.

E, finalmente, Bronk verificou que o Propósito e a Identidade se sobrepõem. Os jovens sentiam que **quem eles eram** e o **que queriam alcançar** eram sinônimos. É como se fosse "eu *sou* uma pessoa que *faz* isso...". E é por isso que às vezes esses dois aspectos se confundem.

---

14. BRONK, K. C. The role of purpose in life in healthy identity formation: a grounded model. *New Directions for Youth Development*, n. 132, p. 31-44, 2011. doi: 10.1002/yd.426.

O importante é perceber que quando colocamos nosso propósito no mundo, nossas ações estão muito conectadas a quem somos. Portanto, o autoconhecimento é essencial para se identificar nosso propósito. Também é verdade que quando desenvolvemos ações autênticas no mundo, isso ajuda a dar clareza sobre nosso propósito. É uma relação interativa entre o ser e o fazer.

O Gustavo Tanaka tem um vídeo curtinho e bem reconfortante para quem tem aquela sensação de que não encontrou o propósito. Você pode acessar pelo QRCode ou pelo link a seguir:

E Quando Você Não Encontra o Seu Propósito? #4

https://www.youtube.com/watch?v=0ICl-0Isg7A

No vídeo ele diz que em certa altura parou de tentar encontrar o seu propósito e começou a simplesmente fazer as coisas que tinha vontade, se expressar e se conectar com as pessoas de acordo com o que vinha do coração (apesar do super *spoiler*, vale ver o vídeo, pois a forma como ele fala passa a maior tranquilidade do mundo!). Ou seja, ao ser ele mesmo (exercer sua identidade) passou a viver seu propósito.

Estamos percebendo a importância de combinar ação e reflexão. Não se iluda achando que só quando chegar aos "100% de autoconhecimento" você irá identificar um propósito para chamar de seu. Para começar, nem é possível chegar a essa marca.

Não adianta só ficar lá no seu mundo, pensando, pensando, fazendo terapia, coaching, sem ir experimentar no mundo, mesmo que se tenha ainda pouca clareza do que se quer fazer. É reservar um dia para ler histórias para crianças, é fazer um bolo com sua avó, deixar uma pessoa passar na sua frente na fila da farmácia, ir ajudar na construção de casas no projeto social Um Teto para meu País. E sempre refletir sobre o que aquilo significou para você, pois não adianta "sair fazendo" um monte de coisas sem se dar tempo de pensar sobre o que elas significam para você.

Para fechar essa diferenciação entre identidade e propósito: não podemos confundir *ser* e *fazer*. O Propósito deriva de quem se é, mas não é um estado em que se atinge (um nirvana), mas um constante agir em direção a um objetivo maior e além de nós. É como se não fizesse muito sentido dizer "eu **tenho** um propósito" ou "sou uma pessoa **com** propósito", sem que se "**viva** com propósito" (agir no mundo). Então... vamos manter o radar do autoconhecimento ligado, mas também ir nos movimentando para a ação!

· ·

DICA 4

Identidade tem a ver com "ser" e
Propósito é "fazer" a partir de quem se é

· ·

Valores x Propósito

Muitas vezes o Propósito de Vida é confundido com os Valores, pois ambos estão muito relacionados.

Não é possível viver um propósito desconectado dos nossos valores. No entanto, podemos ter clareza dos nossos valores e, ainda assim, não identificar um sentido para a nossa vida.

Damon, Menon e Bronk[15] trazem essa diferenciação de forma bastante clara:

- O Propósito é parte da busca de uma pessoa por significado, mas tem um componente **externo** (vontade de contribuir com o mundo).
- Propósito é sempre direcionado a uma realização na qual se pode **progredir** em sua direção.

Vemos que os valores são internos, enquanto o propósito é algo que, ainda que seja conectado aos nossos valores, precisa se realizar externamente. Posso ter como valor a "bondade", mas não necessariamente

---

15. DAMON; MENON; BRONK, 2003, p. 119-128.

fazer coisas boas para as pessoas, ou seja, nem sempre os valores se concretizam em ações.

Uma pessoa pode valorizar seus familiares e ter como propósito cuidar dos pais e construir uma nova família. Nesse caso, o propósito (ligado a ações: cuidar, construir) está muito conectado ao valor da família. Aí sim, temos propósito e valores em sintonia e cada um fazendo a sua parte.

Em português, podemos diferenciar significado (ligado aos nossos valores) e sentido (relacionado com Propósito, ou em inglês, *Purposeful*). O significado está mais ligado aos valores, ao que é significativo, importante para nós (*Meaningful*). E o sentido traz uma ideia de direção, como um norte a seguir, algo que oriente nossa caminhada.

Então frases como "o sentido da vida é apreciar o agora" não estão muito alinhadas com a definição conceitual, pelo menos no contexto das pesquisas acadêmicas. Seria mais coerente dizer que "Apreciar o agora traz muito significado à vida" (tem a ver com o que é *meaningful* ou significativo, importante).

Vamos organizar esses conceitos:

SENTIDO (Purposeful)	SIGNIFICADO (Meaningful)
• Indica um momento futuro (direção) • Ligado a Propósito de Vida (intenção futura) • É conectado ao nosso mundo interno, mas possui também um componente externo → ímpeto de fazer algo no mundo	• Indica o momento presente (agora) • Ligado aos valores (o que é importante para nós) • É interno, ligado ao mundo dentro de nós e da relação com nosso sistema de valores

Percebemos que é importante conhecer nossos valores para definir nosso propósito, mas não é condição suficiente. Ou seja, não basta ter uma grande clareza dos seus valores para conseguir identificar seu propósito. Duas pessoas com valores muito parecidos podem ter intenções no mundo completamente diferentes. Os valores são um dos componentes de uma pessoa, mas somos seres complexos, influenciados também por nossa personalidade, história, contexto, interesses, habilidades, paixões.

Vou convidar você a aprofundar um pouco essa diferenciação a partir da teoria de Viktor Frankl.

Frankl afirma que há três formas de vivermos uma vida com sentido: realizando valores de criação, vivenciais ou de atitude. A concepção que adotamos neste livro difere um pouco da de Frankl, pois a realização dos valores de criação está mais ligada ao Propósito, já os valores vivenciais e de atitude estão mais relacionados a viver uma vida significativa. Depois de entendermos cada um dos valores propostos por ele, voltaremos a essa discussão.

- **Valores de Criação:** relacionados a coisas práticas a que o indivíduo pode se dedicar, tais como o trabalho, o estudo, um hobby (culinária, por exemplo). Eles têm a ver com o ato de criar alguma coisa para o mundo, construir algo.
- **Valores Vivenciais:** ligados a experimentar algo, tal como entregar-se à beleza da natureza ou à arte. Segundo Frankl, "pela grandeza de um momento já se pode medir a grandeza de uma vida".[16]
- **Valores de Atitude:** adotados pelo ser humano em face de um destino imutável. Por exemplo: a valentia e a dignidade podem ser colocadas em prática mesmo em uma situação em que se está à beira da morte, sem qualquer esperança de recuperação.

Para mostrar na prática como estes valores podem ser exercidos, Frankl conta o caso de um homem que devido a um tumor viu-se incapaz de trabalhar. Portanto, não tinha condições de exercer muito os valores de criação. No entanto, no hospital em que estava internado, conversava com outros pacientes (entretinha-os e encorajava-os), lia bons livros e ouvia boas músicas. Isso mostra o exercício dos valores vivenciais. No entanto, conforme sua doença avançou, viu-se incapaz de praticar esses valores. Porém, ainda pôde realizar os valores de atitude servindo de modelo a partir da valentia que demonstrou nessa fase terminal. Chegou a pedir que o médico de plantão lhe aplicasse a injeção final de morfina na sua visita à tarde para que esse médico não tivesse que acordar à noite por causa dele.

---

16. FRANKL, 2016, p. 113.

Voltando agora à diferença conceitual entre Frankl e a proposta deste livro, podemos dizer que apenas a prática dos valores de criação seria uma forma de viver uma vida com SENTIDO (com propósito). Os valores vivenciais e de atitude nos ajudariam a viver uma vida SIGNIFICATIVA.

No caso dos Valores de Criação existe um movimento em direção ao futuro. Além disso, há um convite a trazer nossas capacidades e paixões para exercitar estes valores. É diferente de apreciar o momento presente (valores vivenciais) ou demonstrar valores em momentos em que não se pode ter em vista um futuro (valores de atitude).

A diferenciação conceitual é importante, mas ainda mais importante é se perceber vivendo na prática o que lhe faz bem. E não adianta olhar apenas para o propósito, sem se nutrir na sua caminhada do que é significativo para você.

Convite à reflexão:

Como você se vê praticando os valores de criação, vivenciais e de atitude na sua vida?

VALORES DE CRIAÇÃO O que você coloca no mundo a partir dos seus talentos?	
VALORES VIVENCIAIS De que forma você saboreia as coisas boas da vida como natureza, relacionamento, gastronomia, arte?	

58 Propósito de vida: um guia prático para desenvolver o seu

VALORES DE ATITUDE
Que posturas adota em situações difíceis da vida?

Um filme bem interessante para entender os valores de criação, vivenciais e de atitude é o "Soul" da Disney. Sem querer dar muitos *spoilers* (mas já fazendo um pouco isso!), o filme conta a história de Joe Gardner, que vive em busca do sonho de tocar jazz. No entanto, deixa de perceber os valores vivenciais no processo (sentir o sabor dos alimentos, aproveitar as relações com as pessoas, apreciar a natureza). E na hora que as coisas deram errado, ele precisou colocar em prática seus valores de atitude (criatividade, determinação) para poder voltar para sua vida. Vale a pena assistir!

FILME "SOUL"

Disponível no serviço de streaming Disney+

Há uma passagem no filme que vale discutirmos. Logo após uma performance maravilhosa no grupo de jazz, Joe não sente a realização que imaginava que sentiria. Então, a saxofonista conta algo para ele:

> *Tem uma história sobre um peixe. Esse peixe foi até o ancião e disse:*
> *"Tô procurando um negócio. Um tal Oceano."*
> *"O Oceano?" O ancião falou. "Você está no Oceano."*
> *"Isso?" Disse o peixinho. "Isso aqui é água. O que eu quero é o Oceano..."*

Questões para reflexão:
- O que essa passagem significa para você?
- Existe diferença entre a água e o Oceano?

O que é Propósito de Vida? **59**

- Qual é a relação dessa passagem com os valores vivenciais de Frankl? [Será que o peixinho já está no Oceano, mas não desfruta do que tem e fica indo em busca de algo ainda maior, sem dar valor ao que já possui? #parapensar]

Para mais conteúdo sobre esse tema, vale acessar o QRCode ou o link a seguir e assistir ao discurso do escritor norte-americano David Foster Wallace em uma formatura de graduação do Kenyon College em 2005. O título é "This is water" (Isso é Água).

https://www.youtube.com/watch?v=ZOgeWOds-Ek

DICA 5

*Os valores são o "porquê" fazemos
e o Propósito é "o que" fazemos a partir
do que valorizamos*

Projeto de Vida x Propósito

Em inglês, o termo usado nas pesquisas sobre propósito é *"Purpose"*. No entanto, no Brasil, a tradução de *Purpose* pode ser encontrada como Propósito ou Projeto de Vida, dependendo do contexto em que é utilizada.

Eu venho do campo da Administração. Nesse contexto, temos a disciplina de Gerenciamento de Projetos que define que um projeto necessariamente tem um prazo para terminar. Segundo o Project Management Institute, o instituto global de gestão de projetos, um projeto é um esforço temporário para que se possa criar um produto, serviço ou resultado exclusivo. [17]

O propósito não tem um término definido. Pode inclusive ser um norteador para toda a uma vida.

Além disso, no campo dos negócios, o termo Propósito é usado com muito mais frequência. Já foi inclusive capa de revistas como Exame (maio/2019) e Você S/A (junho-julho/2018).

Sendo assim, entendemos aqui que a tradução que faz mais sentido para *Purpose* é Propósito ou Propósito de Vida. Os projetos de vida são as iniciativas (com "acabativas", ou seja, com prazo definido) que se realiza na direção do propósito.

Na Educação, convencionou-se chamar o propósito dos alunos de "Projeto de Vida". Na Base Nacional Comum Curricular (BNCC), que estabelece os conhecimentos e habilidades essenciais para a vida escolar, tem-se o Projeto de Vida contemplado em uma das 10 competências:

> Competência 6 – Trabalho e Projeto de Vida: Valorizar a diversidade de saberes e vivências culturais e apropriar-se de conhecimentos e experiências que lhe possibilitem entender as relações próprias do mundo do trabalho e fazer escolhas alinhadas ao exercício da cidadania e ao seu projeto de vida, com liberdade, autonomia, consciência crítica e responsabilidade. [18]

---

17. PROJECT MANAGEMENT INSTITUTE - PMI. Um Guia do Conhecimento em Gerenciamento de Projetos (Guia PMBOK). 6. ed. Pensilvânia: Project Management Institute, 2017. p. 1.
18. MINISTÉRIO DA EDUCAÇÃO. *Base Nacional Comum Curricular – Educação é a Base*, 2018. Disponível em: http://basenacionalcomum.mec.gov.br/images/BNCC_EI_EF_110518_versaofinal_site.pdf. Acesso em: 7 jul. 2021.

No entanto, apesar desta convenção, o conceito de Projeto de Vida parece estar muito próximo ao de "*Purpose*" (até porque refere-se "ao seu projeto de vida" como se fosse algo único e não "seus projetos de vida"). A BNCC não oferece muitos detalhes sobre o que deve ser contemplado no que nomeia "projeto de vida" dos alunos, tampouco o limita a uma iniciativa pontual, com prazo para se encerrar.

Aqui entendo que independentemente do termo utilizado, a intenção é apoiar os alunos a identificarem ações futuras coerentes com seus valores e imbuídos de um espírito de cidadania. Se vamos promover projetos (finitos), tais como fazer uma faculdade de engenharia, casar-se, abrir uma empresa ou se vamos apoiá-los a olhar mais além, para o legado que querem deixar na vida (mais alinhado ao propósito), ambos estão indo na mesma direção.

No nosso guia, vamos fazer o percurso de trás para frente: primeiro refletir sobre o nosso legado e, a partir disso, dar passos (definir projetos) nessa direção.

· · · · · · · · · · · · · · · · · · · ·
DICA 6
Os Projetos de Vida são as ações ou conjunto
de ações para alcançar o Propósito
· · · · · · · · · · · · · · · · · · · ·

Agora que você já conhece o conceito de Propósito, seus elementos e diferenciações para identidade, valores e projetos de vida, convido a uma primeira reflexão sobre o seu Propósito de Vida. Mais adiante você terá a oportunidade de aprofundar esta análise, então não se preocupe em ter algo definitivo. Teremos toda a jornada deste guia para refletir sobre qual é o sentido da sua vida. ;)

PERGUNTA DE REFLEXÃO ·

→ *O que você já sabe sobre o seu propósito?*
Pode incluir nesta reflexão inicial suas intenções futuras (projetos que quer realizar), aspectos importantes para você, causas que tem

interesse em apoiar e ações que já desenvolve alinhadas com o que tem sentido para você.

Para dar um pouco de "luz" e celebrar essa reflexão sobre o seu Propósito, vou compartilhar um texto da escritora norte-americana Marianne Williamson, que além de autora, é líder espiritual, ativista e desenvolve diversos projetos sociais. É um dos meus textos favoritos. Espero que goste também.

Nosso grande medo não é o de que sejamos incapazes. Nosso maior medo é que sejamos poderosos além da medida.

É nossa luz, não nossa escuridão, que mais nos amedronta.

Nos perguntamos: "Quem sou eu para ser brilhante, atraente, talentoso e incrível?" Na verdade, quem é você para não ser tudo isso?...

Bancar o pequeno não ajuda o mundo.

Não há nada de brilhante em encolher-se para que as outras pessoas não se sintam inseguras em torno de você.

E à medida que deixamos nossa própria luz brilhar, inconscientemente damos às outras pessoas permissão para fazer o mesmo. E conforme nos libertamos do nosso medo, nossa presença, automaticamente, liberta os outros.

MARIANNE WILLIAMSON

Como essas palavras mexem com você? :)

2

O PROCESSO DE DESENVOLVIMENTO DO PROPÓSITO

· · · · · · · · · · · · · · · · · · · ·

É importante conversarmos um pouco sobre o termo **desenvolvimento** do Propósito. Afinal, nessa jornada, vamos **descobrir** o nosso propósito? **Lembrar** da nossa missão? **Identificar** um sentido para a vida? Cada um desses verbos traz concepções diferentes sobre o nosso processo e nossas crenças sobre Propósito.

- **Descobrir** → traz uma ideia de que o Propósito já está lá, "encoberto", e que precisamos então descobri-lo, ou seja, tirar um véu da frente para podermos enxergar o que já está lá. Dependendo do seu repertório de experiências e de autoconhecimento, é possível que seja esse o termo que faz sentido para você. Agora, se ainda está reunindo elementos fundamentais para entender quem você é e o que tem sentido para você, não adianta apenas tirar o véu (rever crenças que o atrapalham, por exemplo), pois o que está embaixo dele pode ser muito preliminar.

- **Lembrar** → está embasado em uma crença de que viemos para esse mundo com um propósito pré-definido ou que na infância sabemos melhor quem somos na essência e precisamos então resgatar essa lembrança. Não vamos usar muito esse termo por aqui, pois demanda que você tenha essa crença. Pessoalmente, até tendo a acreditar nessa ideia, mas isso não é condição fundamental para se definir um Propósito de Vida.

- **Identificar** → parte da noção de que podemos encontrar um propósito de forma ativa. Então, se reunirmos as nossas experiências desde que nascemos até agora, refletirmos e buscarmos novas experiências para testar o que já percebemos que é importante, podemos definir um sentido para o nosso futuro. Esse processo está muito em sintonia com o que vamos realizar juntos nesse guia.

Muito bem... e o "**desenvolver**"? O desenvolvimento é um termo mais amplo que os demais. Parte da ideia de que onde quer que você esteja no processo, é possível avançar, melhorar, refinar, enfim, desenvolver!

Para explorar o tema de Desenvolvimento do Propósito, vamos começar por discutir alguns modelos que se propõem a ajudar na identificação do Propósito (na primeira etapa do desenvolvimento). Apresentaremos o Golden Circle, o Modelo de Negócios Pessoal e o IKIGAI.

Em seguida, vamos entender como alguns pesquisadores estudaram o desenvolvimento do Propósito ao longo da vida. Para que eles tivessem essa compreensão, realizaram uma análise "de trás para frente", ou seja, a partir das pessoas que conseguiram identificar seus Propósitos, buscaram compreender o que aconteceu na história delas que as ajudou nesse processo (brincadeiras na infância, pais que discutiam valores com elas, entre outros).

Repare que isso é diferente de analisar quais são os fatores que promovem o Propósito, que seria uma visão "daqui para o futuro". E isso é importante quando estamos fazendo uma trajetória a partir de onde estamos em direção à identificação ou construção de um propósito que tenha sentido.

É claro que entender o que ajudou algumas pessoas a encontrarem um Propósito pode ajudar a identificar fatores influenciadores. No entanto, não é possível voltar o tempo e "ter tido" uma infância repleta de brincadeiras, com amigos diversos, pais e familiares que deram oportunidade de você refletir sobre os valores e temas que lhe interessassem, professores maravilhosos que prestaram atenção nos seus potenciais e o ajudaram a se desenvolver. Temos que analisar o que experimentamos até aqui e dar o sentido disso para nos tornarmos quem somos e para o que queremos realizar no nosso futuro.

Então, já que não podemos voltar ao passado, para que você deveria continuar lendo este capítulo?

Primeiro, porque certamente você recebeu a influência de vários fatores ao longo da vida e pode não ter tido consciência ainda. É uma oportunidade de lembrar das suas brincadeiras da infância, do seu envolvimento com esportes ou atividades artísticas, dos seus professores e adultos que o influenciaram positivamente a ser quem é.

E, em segundo lugar, porque você pode ser um influenciador na vida de muitas pessoas, sejam elas crianças, jovens, adultos ou idosos. Sabendo a importância que alguns elementos têm para ajudá-los a encontrar um sentido na vida, você pode ser um facilitador desse encontro.

Modelos voltados à identificação do Propósito

Vamos discutir alguns modelos voltados à identificação do Propósito de Vida.

O Golden Circle de Simon Sinek é um deles.[1]

---

1. SINEK, S. *Encontre seu porquê*: Um guia prático para descobrir o seu propósito e o de sua equipe. Rio de Janeiro: Sextante, 2018; SINEK, S. *Por Quê?* Como Motivar Pessoas e Equipes a Agir. São Paulo: Saraiva, 2012.

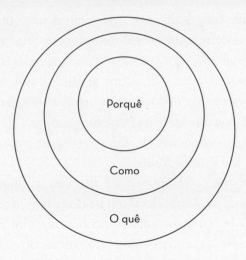

Fonte: SINEK, 2012.

Esse modelo do Golden Circle (poderia ser traduzido como "círculo dourado", mas as pessoas costumam usar o termo em inglês) foi proposto por Simon Sinek para explicar por que grandes líderes como Mandela ou grandes corporações como a Apple conseguem inspirar as pessoas.

O vídeo em que ele apresenta essa ideia teve mais de 50 milhões de visualizações da última vez que chequei. Nesse vídeo, Sinek diz que todas as empresas sabem O QUE elas fazem, algumas sabem o COMO (poderia ser uma proposta de valor diferenciada, por exemplo), mas poucas sabem o PORQUÊ elas fazem. Ele esclarece que o *"porquê"* não é gerar lucro (esse seria o resultado), mas sim, o propósito.[2]

No livro "Encontre o seu porquê"[3], Sinek apresenta um método para apoiar indivíduos e times a identificarem seus propósitos. Propõe que a pessoa busque um parceiro para seu processo de descoberta, reúna as histórias que fizeram diferença para ela (pelo menos 10 histórias),

---

2. TED "Como grandes líderes inspiram ação". Disponível em: https://www.ted.com/talks/simon_sinek_how_great_leaders_inspire_action?language=pt-br. Acesso em: 22 jun. 2021.
3. SINEK, 2018.

e a compartilhe de forma a identificarem temas (padrões) e, finalmente, escreva seu *"porquê"*, que deve ser escrito no seguinte formato:

[CONTRIBUIÇÃO]   de modo que   [IMPACTO]

A primeira lacuna seria a sua contribuição para a vida de outras pessoas (olha aqui a dimensão "além de si" novamente) e a segunda seria o impacto da sua contribuição. Por exemplo, a do próprio Sinek seria: "Inspirar pessoas a fazerem as coisas que as inspiram, de modo que, juntos, possamos mudar o mundo".

Depois de identificar o *"porquê"*, Sinek orienta o leitor sobre como definir o seu *"como"*, que seriam as nossas forças. E ele estimula que se coloque em formato de ações (verbos), como por exemplo, "tenho visão do todo, assumo responsabilidade, termino o que começo".

Finalmente, a parte do *"o quê"* seria o contexto para o "como". Então, uma pessoa que tem como ponto forte (seu "como") encontrar o aspecto positivo em tudo, teria um *"o quê"* (contexto), que quando as coisas parecem estar dando errado, olha para a parte que está indo bem. É como se fosse um exemplo genérico que explica um pouco melhor de que forma aquele ponto forte se expressa.

A proposta de Simon Sinek faz muito sentido, mas me parece bastante difícil chegar ao *porquê* apenas com as atividades que ele propõe. Se a pessoa já tiver um alto nível de autoconhecimento pode ser viável, mas para a maior parte das pessoas é difícil encontrar padrões em sua história (mesmo com o apoio de alguém) para entender a sua razão de vida.

O modelo de negócios pessoal (Business Model You) proposto por Tim Clark[4] é outro exemplo interessante para a identificação do propósito:

---

4. CLARK, T. *Business Model You*: o modelo de negócios pessoal. Rio de Janeiro: Alta Books, 2013.

Modelo de Negócios Pessoal de

Nome

Quem ajuda você?
(Key partners)

QUEM TE AJUDA?

O que você faz?
(Key activities)

O QUE VOCÊ FAZ?

Quem é você?
O que você possui?
(Key Resources)

QUEM É VOCÊ?

O QUE VOCÊ TEM?

Como você os ajuda?
(Value provided)

COMO VOCÊ
CONTRIBUI?

Como vocês interagem?
(Customer relationships)

COMO VOCÊ
INTERAGE?

Como chegam até você & O que você entrega (Channels)

COMO TE
CONHECEM?

O QUE VOCÊ
ENTREGA?

Quem você ajuda?
(Customers)

QUEM VOCÊ
AJUDA?

O que você dá? (Costs)

O QUE VOCÊ DÁ?

O que você ganha? (Revenue and Benefits)

O QUE VOCÊ GANHA?

Fonte: CLARK, 2013.

Tim Clark traz a proposta de você se analisar como se fosse uma empresa ("VOCÊ S/A"), que tem clientes que dependem de você, fornecedores que o apoiam e o que você gera de valor no mundo por meio da sua proposta de valor.

Foi escrito a partir de outro livro, voltado aos Modelos de Negócios de organizações.[5] A ideia desses modelos é compreender como uma empresa ou uma pessoa gera valor no mercado ou no mundo.

É bem interessante o fato destes dois modelos usarem a ideia de *canvas* (significa "tela"), que são como pequenas telas de quadros, a serem preenchidas a partir de perguntas, e depois integradas de maneira a formar uma visão conjunta em uma única página que pode ser contemplada de maneira sistêmica. Assim, o modelo de canvas do Business Model You apresenta diversas telas, que são espaços a serem preenchidos com as reflexões.

No caso do modelo de negócios de organizações, a análise começa olhando para fora, para os clientes, e só depois se volta para dentro, entendendo os recursos que a proposta de valor aos clientes dessa empresa requer. Já no modelo de negócios pessoal, a análise parte de dentro, dos seus recursos principais: quem você é (interesses, habilidades e personalidade) e o que você possui (conhecimento, experiência, contatos e outros recursos tangíveis/intangíveis).

O ponto de conexão com o propósito vem da relação entre quem você ajuda (CLIENTES), como os ajuda (PROPOSTA DE VALOR) e o que você faz (ATIVIDADES-CHAVE). Para isso, precisa refletir sobre quem são os seus clientes. Eu gosto de pensar: "se eu desaparecesse amanhã, quem sentiria falta de mim ou dos meus serviços?". E aí temos uma lista de pessoas no campo pessoal e profissional: meu marido, meus gatos, meus pais, minha família como um todo, amigos (vale escrever os nomes dos principais), coachees, alunos, equipe de trabalho do MBA... A partir dessa lista, você pode extrair a sua Proposta de Valor, que é basicamente aquilo que você entrega de forma única para

---

5. OSTERWALDER, A.; PIGNEUS, Y. *Business Model Generation*: inovação em modelos de negócios. Rio de Janeiro: Alta Books, 2011.

seus clientes. É o motivo pelo qual os seus clientes não vão correndo para a "concorrência". Por exemplo, por que meu marido me escolheu entre todas as mulheres do mundo? Por que minha amiga Marília me busca para conversar?

E você pode inclusive ir perguntar diretamente para os seus "clientes" o que é que você oferece de especial para eles. É incrível como as pessoas sabem muito mais o que nos faz ser especiais do que nós mesmos.

E geralmente é uma combinação de coisas, um "*blend*" (uma mistura igual à dos chás!) único que você oferece. Dificilmente a nossa Proposta de Valor vem de sermos "O MELHOR" em uma única coisa, como dar os melhores conselhos do mundo, fazer as análises mais profundas. Muitas vezes é um mix: "oferece conselhos amorosos e verdadeiros", "está sempre atualizada no tema de gestão de projetos e conectada a excelentes profissionais do mercado". Então, quem sabe você busca os seus clientes e pergunta para eles o que faz o seu serviço ser especial? ;)

Além do preenchimento do canvas em si, o livro traz uma segunda parte com uma proposta de reflexão sobre o seu Propósito. É proposto que você complete a seguinte frase:

"Eu gostaria de _____ (VERBO) _____ (PESSOAS) por meio de _____ (descrever as atividades)."

Um exemplo preenchido no livro seria: "Eu gostaria de ajudar profissionais inquietos e jovens criativos a melhorarem suas vidas inspirando e apoiando-os".

Incentivo você a preencher o seu Modelo de Desenvolvimento Pessoal. No entanto, é válido fazer uma reflexão da sua proposta de valor não apenas a partir do que as outras pessoas (seus "clientes" no modelo) veem em você, mas a partir da sua visão, relacionando à sua história de vida, suas qualidades e paixões.

E vamos conhecer mais um modelo, o IKIGAI, que tem se tornado muito conhecido. O Ikigai é, na realidade, uma filosofia de vida japonesa que significa razão de viver e é apontada como uma possível razão para a longevidade do povo japonês. Inclui ter uma vida integrada com outras pessoas da comunidade, dedicar-se a hobbies (jardinagem, culinária), comer só até o ponto de estar 80% satisfeito e ver sentido na vida.

A partir dessa filosofia, foi desenhado um modelo integrando quatro aspectos: o que você AMA, em que você é BOM, o que o mundo PRECISA e pelo que você pode ser PAGO para fazer.

Diagrama de Marc Winn

Fonte: GARCÍA; MIRALLES, 2016.

Não é muito claro de onde veio esse modelo. Há relatos de seu uso em 2013 no livro "¿Qué harías si no tuvieras miedo?" de Borja Vilaseca a partir de seu desenho pelo psicólogo Andrés Zuzunaga. Posteriormente, em 2014, Marc Winn usou a imagem em uma palestra e disse ter se inspirado na fala de Dan Buettner sobre a filosofia do Ikigai e o diagrama de Venn de propósito (que ele não explica de onde pegou), mudando "literalmente apenas uma palavra".[6-7]

---

6. RMCHOLEWA. *A origem do famoso gráfico de Venn do Ikigai*, 20 dez. 2018. Disponível em: https://rmcholewa.com/2018/12/20/o-famoso-grafico-de-venn-do-ikigai/. Acesso em: 08 jul. 2021.
7. WINN, M. Ikigai with Marc Winn, 11 out. 2019. Disponível em: https://www.youtube.com/watch?v=AC6vtCqwjLM. Acesso em: 21 jul. 2021.

E Damon[8] talvez nos ajude a entender um passo antes de todo esse movimento da Lei de Lavoisier (na linha de "na vida nada se cria, tudo se transforma") indicando que o sociólogo Max Weber (1864-1920) havia escrito que todas as pessoas têm uma vocação particular que reflete três qualidades intrínsecas e extrínsecas: (1) suas próprias habilidades [seria o que se é BOM], (2) a necessidade que o mundo tem dos serviços que essas habilidades podem proporcionar [seria o que o MUNDO PRECISA] e (3) a satisfação que têm em servir à sociedade à sua maneira [seria o que GOSTO]. Só faltou o componente da sustentabilidade financeira.

No próprio livro "Ikigai: o segredo dos japoneses para uma vida longa e feliz"[9], o diagrama aparece sem nenhum contexto ou explicação, apenas com uma fonte indicada "Diagrama de Marc Winn", como se vê na imagem. Depois, o livro mergulha na filosofia do Ikigai (sentido da vida, trabalho e tempo livre como fonte de crescimento, construção de laços, dieta, exercícios físicos).

Bom, a origem do Ikigai é mistério ainda a ser revelado. Porém, o diagrama é bastante útil para orientar à busca de algo em que somos bons, temos interesse, atenda a uma causa além de nós mesmos e nos possibilite receber para fazer. Esse último componente é interessante, pois a sustentabilidade é importante para que se possa permanecer firme no propósito. Ainda que se decida por uma vida de entrega sem retorno financeiro, no mínimo, as necessidades básicas precisam ser supridas para que se possa continuar o trabalho.

Vamos fazer essa atividade do Ikigai?
Liste a seguir:

1. Coisas que AMO fazer
→ Independente se você é bom, se dá dinheiro, se não tem nada a ver com sua profissão etc.

---

8. DAMON, 2008.
9. GARCIA, H.; MIRALLES, F. *Ikigai*: o segredo dos japoneses para uma vida longa e feliz. Rio de Janeiro: Intrínseca, 2016.

Exemplos do que eu amo fazer: amo brincar com crianças, experimentar comidas diferentes, ficar com a família, sentir que sou útil, aprender sobre filosofia e autoconhecimento.

---

2. Coisas em que SOU BOM

→ Vale lembrar dos *feedbacks* que recebe da família, amigos e colegas de trabalho.

Exemplos do que acho que sou boa: ajudo as pessoas a refletirem por si mesmas, sou boa anfitriã, simplifico conceitos, desenvolvo bons relacionamentos com pessoas diversas, dou sentido prático para as coisas.

---

3. Coisas que o MUNDO PRECISA e eu me interesso em ajudar

→ Se você recebesse muito dinheiro e fosse obrigado a destinar parte dele para pelo menos uma causa, qual causa ou quais causas iria apoiar?

Exemplos do acredito que o mundo precisa e me interesso ajudar: educação de jovens de alta vulnerabilidade, cuidado de animais abandonados, projetos que promovam maior consciência de si, fomento de empresas com foco social.

---

4. Coisas pelas quais SOU PAGO ou PODERIA SER PAGO para fazer

→ Pode ser que ainda não seja pago, mas que no futuro poderia receber por isso.

O processo de desenvolvimento do propósito

Exemplos do que eu sou paga / poderia ser paga para fazer: dar palestras, ser youtuber, dar aulas, vender livros, fazer coaching, dar cursos on-line, realizar cursos e eventos.

_____   _____   _____

_____   _____   _____

E como pode integrar as coisas que ama, é bom, o mundo precisa e você pode ser pago para fazer? Esse é o "x" da questão, o tal "pulo do gato".

O meu Ikigai, por exemplo, é "ajudar pessoas a se desenvolverem e encontrarem seu Propósito de Vida". Nem sempre é fácil encontrar esse centro. Uma forma criativa para achar esse ponto de encontro é apresentar o seu diagrama com as 4 dimensões preenchidas para pessoas que não o conhecem muito e pedir para elas lhe dizerem o que poderia ser o Propósito de Vida de uma pessoa que gosta do que você gosta, sabe fazer o que você sabe, se interessa pelas causas que você se interessa e que pode ganhar dinheiro das formas que você consegue.

Depois de toda essa base de conceitos e modelos, pode ser interessante retomar sua reflexão inicial sobre o seu propósito (páginas 62-63). Vamos aprofundar sua análise?

PERGUNTAS DE REFLEXÃO

Qual é o seu Propósito de Vida?
→ Detalhe até onde já refletiu sobre isso. Se quiser, inclua as dúvidas e questionamentos que você tem sobre o seu propósito.

Qual é a importância disso para você?

→ Conecte-se com o que você é e com o que valoriza.

O que você planeja fazer no futuro para caminhar no sentido desse propósito?

→ Desenhe ações futuras.

O que você já faz hoje nesse sentido?

→ Pense nas suas ações em curso no momento.

Caso não veja um propósito para você, procure escrever o motivo disso. Pode ser por não ter clareza, por não acreditar, por nunca ter tido a oportunidade de pensar a respeito. Escreva um pouco sobre isso.

É natural que você não tenha todas as respostas para estas perguntas. São questionamentos para trabalharmos ao longo da nossa vida inteira. No entanto, na minha pesquisa ficou claro que dedicar um tempo para reunir o que já sabemos sobre o nosso propósito e ter consciência do que ainda não temos claro é muito importante para o nosso processo de desenvolvimento. Ao longo deste guia, você poderá fazer muitas atividades para ajudar a ganhar clareza sobre o seu Propósito de Vida. Não se cobre por não ter todas as respostas neste momento. ;)

Em seguida, vamos compreender como o propósito se desenvolve e evolui desde a infância até a terceira idade.

Como o Propósito se desenvolve ao longo da vida?

Ainda não há um estudo longitudinal (feito ao longo de vários momentos no tempo) sobre Propósito que integre desde o momento da infância até a velhice. No entanto, alguns pesquisadores analisaram o seu desenvolvimento em diferentes fases da vida e aqui vamos integrá-los.

A primeira pergunta que vem à mente quando estamos analisando o propósito ao longo da vida é: quando ele começa a ser formado?

A resposta vai depender da crença de cada um, pois depende se você acredita que já viemos para esse mundo com uma missão. No entanto, o que se sabe por pesquisas científicas é que desde a **infância** já recebemos influências para nos ajudar a identificar um propósito no futuro.

Apesar de ainda não ser possível do ponto de vista cognitivo planejar e assumir um compromisso com um propósito nessa fase inicial da vida,[10] brincar é uma das atividades que fazemos desde a infância que é fundamental para dar base para um Propósito no futuro. É por meio das brincadeiras que as crianças desenvolvem a capacidade de extrair o sentido das coisas, de autorregular suas emoções e exercer seu protagonismo.[11] Aqui já podem ser identificados *sparks* (interesses, aptidões) que podem ser impulsionados posteriormente.

Durante a **adolescência** (jovens na etapa do ensino fundamental e médio), o desenvolvimento da empatia ganha força, o que é essencial para que se possa desenvolver interesses além de si.[12] A escola é um lugar importante para desenvolver o pensamento abstrato e onde se pode descobrir aptidões.[13] Atividades extracurriculares como esportes, serviços para a comunidade, atividades religiosas também podem ser fontes de *sparks*. Mentores (professores, treinadores, familiares) podem ajudar a identificar talentos nessa etapa.[14] Em especial, os pais podem ter um papel importante quando são modelos de atitudes pró-sociais (voltadas ao próximo), além de poderem dar oportunidades para os jovens explorarem atividades.[15] E não precisam ser atividades caras, nem serem milhares de atividades. O importante é terem espaço para refletir sobre o que estão vivenciando.[16]

---

10. BRONK, K. C. *Purpose in life*: a critical component of optimal youth development. Springer Dordrecht Heidelberg, London, New York: Springer, 2014.

11. MALIN, 2018.

12. MALIN, H.; REILLY, T. S.; QUINN, B. Adolescent purpose development: exploring empathy, discovering roles, shifting priorities, and creating pathways. *Journal of Research on Adolescence*, v. 24, n. 1, p. 186-199, 2013. doi: https://doi.org/10.1111/jora.12051.

13. MALIN, 2018.

14. BRONK, 2014.

15. MALIN; REILLY; QUINN, 2013.

16. BRONK, 2014; MALIN, 2018.

O começo da vida **adulta** é apontado como o momento de alta no desenvolvimento do Propósito.[17] A idade dessa fase inicial da vida adulta não é muito clara nas pesquisas e sabemos que pode variar muito dependendo do contexto. Nos Estados Unidos, a fase chamada de *"emerging adulthood"* (início da vida adulta) vai dos 18 aos 29 anos.[18]

Apesar de poucas pessoas conseguirem expressar um Propósito de Vida, nessa fase parece ser a etapa mais provável de isso acontecer. A identidade se completa e começa-se a assumir papéis sociais (na família, no trabalho).[19] Algumas profissões facilitam que a pessoa se dedique aos outros, assim como engajar-se em atividades sociais.[20] Na faculdade, os métodos ativos de aprendizagem podem estimular a reflexão sobre valores e o envolvimento com atividades além de si.[21] O suporte social da família, amigos e mentores pode ser também importante nessa fase.[22]

Na chamada **meia-idade** (podemos entender essa fase como sendo a vida adulta em si, por volta dos 30 aos 60 anos), o índice de propósito costuma decrescer um pouco em relação à fase anterior. Isso pode acontecer por algumas pessoas se darem conta que não irão alcançar os objetivos que tinham para si e por não terem conseguido assumir papéis sociais.[23] Os papéis sociais podem ser tanto como profissional (ter uma função no mundo por meio do trabalho, seja ele remunerado ou voluntário) quanto como um adulto responsável por alguém (pai/mãe, tio/tia, padrinho/madrinha). Quem tem um trabalho em que vê sentido e assume papéis sociais costuma se perceber com mais Propósito de Vida.

---

17. BRONK, 2014.
18. ARNETT, J. J. *Emerging adulthood*. New York, NY: Oxford University Press, 2015. Recuperado de https://global.oup.com/academic/product/emerging-adulthood-9780199929382?cc=br&lang=en&.
19. ERIKSON, E. H. *Identidade*: juventude e crise. Rio de Janeiro: Zahar Editores, 1976.; BRONK, 2014; MALIN; REILLY; QUINN, 2013.
20. MALIN; REILLY; QUINN, 2013.
21. ARAÚJO, U. F. *et al.* Principles and methods to guide education for purpose: a Brazilian experience. *Journal of Education for Teaching*, v. 42, n. 5, p. 556-564, 2016. doi: 10.1080/02607476.2016.1226554.
22. BRONK, 2014.
23. BRONK, 2014.

Já na **terceira idade**, o índice de propósito costuma decrescer de forma significativa. Isso pode acontecer quando os papéis sociais deixam de ser exercidos: os filhos saem de casa, as pessoas se aposentam e uma eventual piora na saúde pode tornar difícil o exercício do voluntariado ou fazer parte dos cuidados de alguém (ficar com os netos, por exemplo). Nessa etapa, um contato consistente com a família e a dedicação ao voluntariado pode ajudar as pessoas a terem um sentido na vida.[24]

A boa notícia é que sempre é tempo de se encontrar sentido na vida. Há etapas mais e menos favoráveis, mas a forma como se faz escolhas é o que de fato vai definir se você terá um Propósito de Vida para orientá-lo, em qualquer fase da vida em que esteja.

Vamos discutir, a seguir, alguns pilares que influenciam o desenvolvimento do Propósito. Então, se você quiser identificar um Propósito, vale trabalhar esses pilares! Vamos conhecê-los?

·······················
DICA 7
O Propósito se desenvolve desde a infância até a maturidade
·······················

Pilares influenciadores do Propósito

Durante a minha pesquisa de doutorado, propus algumas atividades para que os participantes dos workshops de propósito pudessem identificar um sentido de vida para si. Essas atividades partiram da definição conceitual de Propósito de Vida em que me embasei (a do professor Damon e seus colegas pesquisadores Menon e Bronk): "Propósito é uma intenção estável e generalizada de alcançar algo que é ao mesmo tempo significativo para o eu e gera consequências no mundo além do eu".[25]

Assim, se propósito envolve algo "significativo para o eu", então o AUTOCONHECIMENTO é um pilar fundamental, certo? Muito bem. Se precisa ser algo "além do eu", vou precisar de uma visão além de mim,

---

24. BRONK, 2014.
25. DAMON; MENON; BRONK, 2003.

desenvolvendo a EMPATIA. Se precisa gerar "consequências no mundo", a EXPERIMENTAÇÃO vai nos permitir saber se o que fazemos traz impacto de fato para o mundo. Se demanda uma "intenção generalizada", precisamos de VISÃO DE FUTURO e PLANEJAMENTO para dar base a essa intenção, que deve dar conta de mim de forma integrada (não é só a parte profissional ou pessoal). E se essa intenção precisa ser "estável", precisamos dar SUSTENTAÇÃO ao longo do tempo.

Sendo assim, o método de desenvolvimento do Propósito que proponho é embasado em cinco pilares:

A partir destes pilares, que vieram da definição teórica do Propósito de Vida, propus atividades de desenvolvimento. Muitas destas atividades foram utilizadas na minha pesquisa de doutorado e se mostraram úteis para a identificação do propósito das pessoas. Para este livro, adicionei algumas atividades para expandir as suas possibilidades de descoberta.

No quadro a seguir, você poderá visualizar as atividades que faremos na nossa jornada:

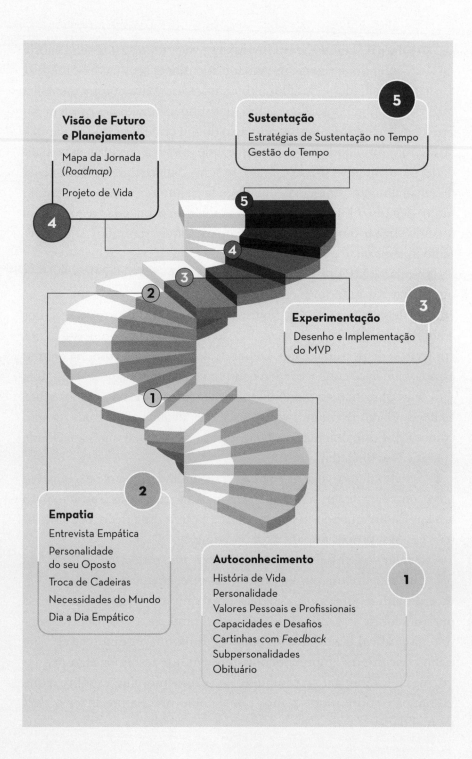

O processo de desenvolvimento do propósito

No pilar AUTOCONHECIMENTO você irá resgatar sua história de vida, entender a sua personalidade, identificar seus valores, mapear as suas capacidades e desafios (e buscar *feedback* para complementar a sua visão), tomar consciência sobre suas subpersonalidades e refletir sobre o legado que quer deixar por meio do seu obituário. A lógica aqui é fazer uma caminhada desde o seu passado (história de vida e personalidade) para entender como está no presente (valores, pontos fortes e de desenvolvimento, subpersonalidade) e fazer uma projeção de você no futuro (legado/obituário). Cada atividade será explicada passo a passo quando chegar o momento de realizá-las. Fique tranquilo. Aqui apresento apenas uma visão do todo.

No pilar EMPATIA você irá exercitar voltar-se para fora, para o outro, para o mundo. Começaremos exercitando suas capacidades empáticas por meio de uma entrevista empática. Em seguida, vamos compreender a beleza e a dificuldade de lidar com alguém oposto a nós em termos de personalidade. Depois trabalharemos a empatia com as pessoas que você conhece e não é muito fã (esse é o teste de ouro!). Isso será feito por uma atividade de troca de cadeiras. Então vamos olhar as necessidades do mundo para que possa avaliar quais mais mexem com você. E, finalmente, planejar formas de ampliar sua capacidade empática no dia a dia.

Neste momento, você já será capaz de entender quem é e o que tem para contribuir, assim como quais necessidades externas o atraem para apoiar. Então, quando menos perceber, já terá uma declaração de intenção... um propósito para experimentar! :)

No pilar EXPERIMENTAÇÃO você irá se desafiar a fazer um primeiro movimento para a prática em direção ao seu propósito. Vamos desenhar juntos uma experiência simples, factível e poderosa para descobrir se o Propósito que você começou a desenhar faz sentido na prática. Chamaremos de MVP (mínimo produto viável), que é um conceito do empreendedorismo, em que testamos algo pequeno, mas relevante para o resultado. Às vezes temos ilusões sobre o que gostamos e sobre o que somos bons, então precisamos fazer o *check* de realidade.

Eu tinha uma ideia de que queria contribuir para o desenvolvimento de jovens do Ensino Médio, especialmente para escolherem profissões coerentes com quem eles eram. Foi só eu fazer um único treinamento voluntário de três horas para ter certeza de que eu não dava conta da energia dessa moçada! Rsrs! Prefiro lidar com "jovens mais velhos", que já têm a energia mais gerenciada. Nada como testar na prática... Esse foi um dos meus testes de realidade.

No pilar de VISÃO DE FUTURO e PLANEJAMENTO, vamos traçar uma rota de ações para o seu futuro. Faremos um grande *roadmap* (mapa da sua jornada futura) e elencaremos um primeiro projeto para você realizar de forma mais concreta. Será um mapa de futuro amplo para que possa dar espaço para as mudanças da vida. No entanto, o primeiro passo em direção a esse futuro – seu projeto de vida – será bem detalhado, para viabilizar que você esteja bem preparado para implementá-lo. Será um primeiro passo concreto em direção à realização do seu Propósito.

No pilar de SUSTENTAÇÃO vou compartilhar um método para gerir o seu tempo e diversas estratégias para você selecionar aquelas que mais poderão ajudá-lo a se manter no caminho ao longo do tempo. Incluir rituais na sua rotina, envolver pessoas para apoiá-lo e ter ações de autocuidado podem ser recursos úteis para garantir que permaneça na sua trajetória de desenvolvimento. Às vezes fazemos um curso ou lemos um livro que mexe muito com a gente, mas depois seguimos a rotina e deixamos nossos aprendizados de lado. Então vamos garantir que você se mantenha consciente e ativo mesmo após o término do livro.

Vai ser divertido!

E, para que seja possível que você desenvolva o seu propósito, vamos trabalhar os quatro pilares do Propósito de Vida nas próximas páginas. Faremos exercícios de reflexão, combinados com atividades práticas para você realizar, de forma a combinar ação e reflexão.

Para facilitar que você se dê conta de todo esse processo que está percorrendo, vamos "amarrar" os principais elementos para definir seu propósito em um canvas (modelo integrado). O canvas tem esse poder de reunir componentes em uma única página facilitando a interconexão. Vamos a ele!

Canvas do Desenvolvimento do Propósito

Canvas significa "tela" em inglês. Sabe aquela tela branca que os artistas colocam em cima de cavaletes para fazer suas pinturas? Essa tela é um canvas. O mundo dos negócios tomou emprestado o conceito para criar modelos com vários espaços em branco a serem preenchidos e depois integrados. Em geral os modelos baseados em canvas são dispostos em uma única página para facilitar olhar todas as "caixinhas" (as telas) de forma conjunta e analisar se estão "conversando" umas com as outras.

O Canvas do Propósito de Vida não é todo em formato quadrado. Suas telas são espaços em formas diversas para dar espaço à reflexão.

A imagem escolhida para representar o Canvas do Propósito é a de um barco em direção ao sol. Uma referência semelhante foi proposta por Seana Moran, pesquisadora do tema de Propósito e professora na Clark University. Ela associa o Propósito a uma luz guiando um barco (que seria o indivíduo) em mar aberto. Moran diz que "sem propósito, os indivíduos são como barcos salva-vidas, indo aonde o 'vento cultural' soprar".

No canvas, eu proponho que o propósito, essa luz que nos guia, seja o próprio sol. Gosto dessa imagem, pois o sol se movimenta, assim como acontece quando caminhamos em direção ao nosso propósito. O barco é o nosso meio de realizar a trajetória, ou seja, nossos projetos. Ele tem na popa (parte traseira) o motivo, que é de onde ele parte para navegar e na proa (parte dianteira) a quem quer servir. O barqueiro somos nós! É quem toma as decisões, que tem as forças necessárias para fazer a jornada. O mar é o contexto em que vivemos, que pode estar mais turbulento em alguns momentos e mais sereno em outros. A História de Vida é representada pelas "águas passadas" da nossa trajetória no barco, o que nos trouxe até aqui, nossos aprendizados. Os remos são nossos recursos para se movimentar. São nossa rede de apoio, reserva financeira, crenças, valores que nos dão força para irmos adiante.

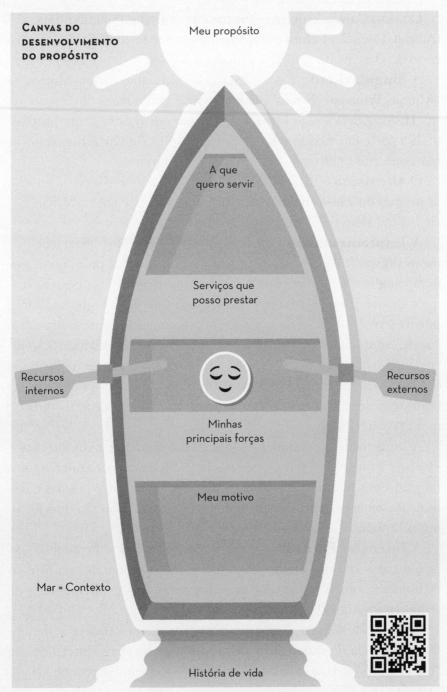

Baixe o Canvas para impressão acessando o QRCode ou o link: https://somos.in/PDV01

O processo de desenvolvimento do propósito

O nosso Canvas reúne os elementos conceituais (Singularidade, Altruísmo, Intenção Futura e Implementação) de forma a facilitar o processo de Desenvolvimento do Propósito.

A **Singularidade** é composta pelas caixinhas "Meu Motivo" e "Minhas Principais Forças". O seu motivo virá a partir do resgate da sua História de Vida ao identificar a razão que o move a um propósito. E a parte das suas forças é importante, pois é a partir dessas forças que conseguirá entregar seus projetos para o mundo.

O **Altruísmo** está representando por "A que quero servir", ou seja, as pessoas ou causas pelas quais você tem interesse em trabalhar. É o elemento "além de si" do Propósito.

A **Implementação** está presente por meio dos "Serviços que posso prestar". Aqui serão as atividades ou funções pelas quais poderá canalizar sua intenção. Por exemplo, para servir a pessoas que querem viver uma vida com propósito (o meu "A que quero servir"), posso oferecer os serviços de professora, facilitadora de treinamentos, coach, empreendedora, autora. Você poderá definir atividades ao invés de funções, pois às vezes você terá uma única função e por meio dela prestará diferentes serviços. As minhas atividades poderiam ser: realização de workshops de Propósito de Vida, aulas de autoconhecimento e carreira etc.

A Implementação também está presente nos "Recursos internos e externos", pois são os remos, que nos impulsionam a continuar seguindo em frente. São nossas crenças, valores, fé (internos) e pessoas e instituições (externos) que podem nos apoiar no caminho em direção ao nosso Propósito.

A **Intenção Futura** é a própria declaração do "Propósito", ou seja, a partir da sua singularidade, do seu altruísmo e dos seus meios de implementação, o que você pretende definir como direcionador de sentido para sua vida.

Ao longo desse guia vamos nos orientar por esse canvas e ir tomando consciência de cada componente, até você ter mais clareza do seu "sol", o propósito que o orienta. Não se preocupe em preenchê-lo agora, pois vamos fazer isso juntos ao longo dos próximos capítulos.

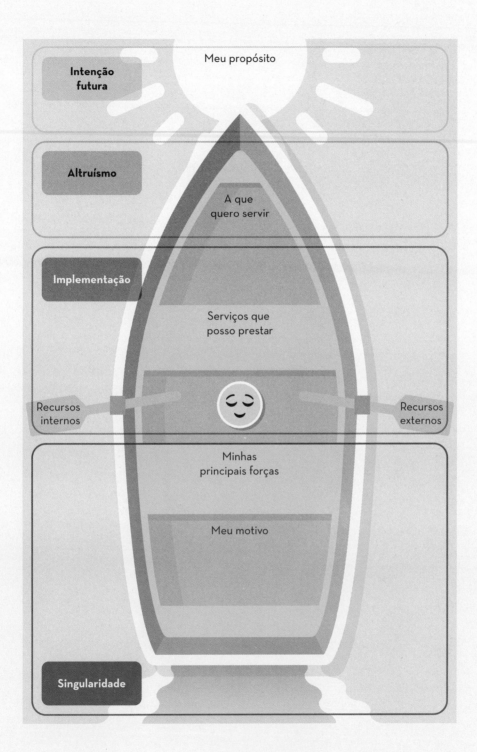

3

DESENVOLVENDO O SEU PROPÓSITO EM 5 ETAPAS

Se chegou até aqui, você já conheceu diferentes conceitos sobre Propósito de Vida, compreendeu os seus componentes (intenção futura, implementação, altruísmo e singularidade), soube como o propósito costuma se desenvolver ao longo da vida e observou os pilares que influenciam seu desenvolvimento.

Você já fez também algumas reflexões sobre o que é Propósito na sua opinião e qual é o seu Propósito de Vida até o momento (e se não tem um propósito, qual é a razão disso). Agora é hora de darmos um passo e aprofundarmos as reflexões.

Caso você já tenha uma ideia sobre o seu Propósito, as atividades serão um convite para checar suas convicções, aprofundar sua consciência sobre o que quer realizar e os motivos para isso. Pode ser uma oportunidade de reforçar sua rede de apoio e definir formas de sustentar suas intenções ao longo do tempo. Afinal, a vida nos apresenta muitos desafios e precisamos ter consciência dos recursos que temos disponíveis para acioná-los quando precisarmos. Podem ser pessoas, crenças, conhecimentos, recursos financeiros, que estão ali prontos para serem utilizados como combustível para nos mantermos firmes nas nossas ações.

E caso não tenha a menor ideia sobre o que poderia ser o seu Propósito de Vida, vamos caminhar juntos nessa descoberta.

Faremos essa trajetória em cinco etapas, com base nos pilares: **autoconhecimento**, **empatia**, **experimentação**, **visão do futuro e planejamento** e **sustentação**.

Etapa 1 – Autoconhecimento: como me tornei quem sou hoje?

Autoconhecimento é a chave para a felicidade
– Aristóteles

Essa frase de Aristóteles tem muito a ver com o que acredito. Não que o processo de se autoconhecer seja assim "só felicidade", mas ao saber quem somos e o que importa para nós, fica muito mais tranquilo nos relacionarmos no mundo.

Há aquela frase popular que diz que "a grama do vizinho é sempre mais verde". É natural nos compararmos com as pessoas à nossa volta. Isso é humano. E as mídias sociais intensificam a nossa possibilidade de acessar (ainda que parcialmente e só nos melhores momentos) a vida dos outros. [Veja o quadro a seguir]. No entanto, se a inveja está sempre nos visitando, vale uma avaliação mais cuidadosa sobre nossas escolhas de vida.

POR QUE OS JOVENS DA GERAÇÃO Y ESTÃO INFELIZES?[1]
Acesse o QRCode ou o link para ler o artigo.
https://bit.ly/36tud34

---

1. UNICAMP. Blog dos estudantes. *Por que os jovens profissionais da geração Y estão infelizes?* Disponível em: https://demografiaunicamp.wordpress.com/2013/10/30/porque-os-jovens-profissionais-da-geracao-y-estao-infelizes/. Acesso em: 9 jul. 2021.

Apesar do foco na geração Y, o texto aborda o contexto atual em que todos nós estamos inseridos.

Questões para reflexão:
- Como você lida com as redes sociais?
  (1) Não lida / não acessa?
  (2) Posta cada atividade da sua vida?
  (3) Não posta nada, mas passa duas horas por dia vendo tudo o que os outros postam?
- Se você acessa as redes sociais, como isso lhe impacta?
- E como você impacta os outros com seus posts?
- Há alguma mudança que ache importante fazer para lidar melhor com as redes?

Teremos a oportunidade agora de fazer um percurso de autoconhecimento. Vamos resgatar o passado, avaliar o presente e fazer um salto imaginativo para o futuro. Seja respeitoso e amoroso com você nesse processo. Cuide do ritmo para não acessar além do que dá conta, mas tenha coragem de se mobilizar para explorar descobertas sobre você.

Desde já, quero pedir para eleger um companheiro de jornada. Pode ser um amigo, irmão, parceiro afetivo, coach, terapeuta. O importante é que seja alguém em quem você confie para compartilhar suas descobertas e fazer algumas atividades junto com ele. Alguém para quem você não tenha medo de contar inclusive suas falhas, defeitos, medos e vergonhas. Se quiser eleger mais de uma pessoa, pode ser! Mas defina uma pessoa principal.

> Para Seligman, os relacionamentos positivos são elementos para o bem-estar (uma espécie de felicidade, mas mais profunda e duradoura do que apenas "alegria"). Ele conta que o psiquiatra de Harvard George Vaillant descobriu que o principal poder que alguém pode ter é *ser amado*. Seligman indica que há pesquisas mostrando que se você tiver alguém para quem poderia ligar às 4h da manhã para falar de um problema, você viverá mais do que quem não tem essa possibilidade.[2] Então busque escolher uma pessoa com quem você possa contar para ser seu companheiro de jornada!

Meu companheiro de jornada é: _____

Ótimo! E um ponto importante: desde já conte para essa pessoa a sua escolha e veja se ela aceita o papel que você quer oferecer para ela. :)

Vamos então para a nossa primeira atividade: a História de Vida!

Atividade 1 – História de Vida

> *Até você se tornar consciente, o inconsciente irá dirigir a sua vida e você vai chamá-lo de destino*
> – CARL GUSTAV JUNG

Costumamos ver as biografias somente de pessoas famosas, como Michele Obama, Steve Jobs, Nelson Mandela. No entanto, cada um de nós tem uma História de Vida que merece ser resgatada e relembrada.

Se você tiver dificuldades de enxergar sua história como **valiosa**, acesse o QRCode ou o link a seguir e assista ao comercial da Nike "Encontre sua grandeza" (*Find your greatness*). O vídeo ajuda a desmitificar um pouco o que é ser grandioso.

---

2. SELIGMAN, M. E. P. *Florescer*: uma nova compreensão sobre a natureza da felicidade e do bem-estar. Rio de Janeiro: Objetiva, 2001.

VÍDEO NIKE: ENCONTRE A SUA GRANDEZA

https://www.youtube.com/watch?v=ylsmf5HFgus

- Quais frases mais chamaram a sua atenção? Quais cenas foram mais marcantes para você? Registre.
- Procure refletir: qual é a razão para estes pontos terem o impactado? O que isso diz sobre você?

A nossa história nos ajuda a entender como nos tornamos quem somos. Nos mostra as capacidades que construímos para superar desafios, os valores que usamos para tomar decisões, nossos padrões de comportamento, as pessoas que ajudaram no nosso crescimento.

É importante ter um **olhar justo para retratar a sua história**. Não é nem olhar apenas para as conquistas e momentos gostosos, nem focar exclusivamente nos momentos difíceis. É saber reconhecer suas vitórias e compreender as quedas e obstáculos, extraindo aprendizados.

Há uma filosofia japonesa chamada Wabi-Sabi, que nos convida a **aceitar as imperfeições** da vida. Uma das formas de expressão dessa filosofia é por meio da arte Kintsugi, que é a reconstrução de cerâmicas quebradas com ouro. O resultado é que a peça se torna muito mais resistente do que antes da queda. Veja a imagem de uma peça que passou por esse processo:

Podemos relacionar a transformação dessa peça de cerâmica com nossa própria transformação pessoal. Vamos fazer uma reflexão sobre isso a seguir.

Resgate um momento difícil que você superou na sua história. Que forças você construiu a partir desse processo?

Aposto que essa experiência o transformou e hoje você tem capacidades que ninguém tira de você.

Lembro quando meu primeiro namorado decidiu terminar comigo após sete anos de relacionamento. Namoramos dos meus 14 aos 21 anos. Um belo dia falando com ele pelo orelhão da Praça de Camões em Lisboa (eu tinha ido fazer um estágio em Portugal por seis meses), ele disse que não me amava mais. Lembro da sensação de um imenso vazio me invadir (ou me esvaziar? Não sei bem explicar esse efeito, mas acredito que você já possa ter sentido isso também). Comecei a pensar em tentar preencher aquele vazio de alguma maneira, como indo beber ali ao lado no Bairro Alto (o bairro boêmio de Lisboa). E, quase que imediatamente, ouvi pela primeira vez uma voz interior dizer: "Carol, suba para a sua casa e fique lá protegida até a dor passar". Esse momento de grande tristeza me fez entrar em contato comigo. E passei a ter altos diálogos com essa "voz" amorosa e cuidadosa dentro de mim desde então.

A forma como olhamos para nossos momentos difíceis depende muito de como enxergamos a vida. É a velha história do copo meio cheio e meio vazio. A realidade é que todos nós temos a parte cheia e a vazia. Isso é humano. Tem um vídeo muito bonito da Jout Jout que fala sobre isso. No vídeo, ela faz a leitura do livro "A parte que falta" de Shel Silverstein, que discute as nossas faltas e a necessidade de preenchê-las.

VÍDEO JOUT JOUT: A FALTA QUE A FALTA FAZ

https://bit.ly/3yFNz0V

- O que marcou para você nesse vídeo?
- Com quais passagens da sua vida você relacionou aos trechos?
- O que é a borboleta para você?
- Com quais faltas você está aprendendo a conviver?

Estou trazendo alguns conteúdos prévios à atividade da redação da sua história de vida para que possa ajustar o seu olhar, entendendo que pode enxergar a sua vida com o olhar do que você tem de grandioso e acolher também os momentos difíceis como parte natural de uma história de vida real, humana.

Para fechar esse nosso aquecimento, preciso trazer a Brené Brown para nossa conversa. Brené é uma pesquisadora norte-americana que nos últimos 20 anos se dedicou a estudar temas como coragem, vulnerabilidade, vergonha e empatia. Ela tem um dos TEDs mais vistos de todos os tempos chamado "O poder da vulnerabilidade" (acesse o QR-Code ou o link a seguir para ver o vídeo). Além disso, escreveu o livro "A coragem de ser imperfeito", que vale a leitura.[3]

TED: "O PODER DA VULNERABILIDADE"

https://bit.ly/36uLn0p

- Qual é o poder da vulnerabilidade?
- Como você acolhe a sua vulnerabilidade?
- E como lida com a vulnerabilidade do outro?

---

3. BROWN, B. *A coragem de ser imperfeito*. Rio de Janeiro: Sextante, 2016.

Muito bom! Agora que refletimos bastante, vamos para a ação. É hora de escrever a sua história.

Procure reservar um tempo de qualidade, em um espaço aconchegante e sem interrupções.

Uma forma que costuma ajudar a iniciar a escrita da história de vida é resgatar os **principais fatos** em ordem cronológica e em formato de tópicos. Você pode colocar o ano que cada fato ocorreu ou a idade que você tinha (o que for mais fácil para orientá-lo nesse resgate). Recomendo que já vá adicionando alguns detalhes sobre o motivo de ter escolhido aquele evento para compor sua história (importância desse fato para você). Exemplo:

- 1980 – Meus pais se conheceram → diz muito sobre quem eu sou (mistura de japonês e espanhola, rigor & afeto)
- 1984 – Eu nasci → típica virginiana!
- Xxx → ....

Uma dúvida que muitas pessoas têm ao começar a atividade da redação da história de vida é: **qual é o primeiro evento significativo da minha história?** Alguns acham que é "obvio", que seria o dia em que nasceram. No entanto, para outros, o nascimento não tem nada de significativo. Ou seja, não existe nada evidente nas suas escolhas. Para mim, como você viu no exemplo anterior, o primeiro evento significativo foi o encontro dos meus pais, pois eu sou muito uma mescla dessas duas pessoas tão diferentes, e ser fruto dessa união diz muito sobre quem eu sou.

Então, procure registrar a seguir os principais eventos da sua história. Lembre-se de ser justo com você e considerar tanto os momentos felizes e de conquista quanto os momentos difíceis. Faça suas anotações ao lado de cada evento (escreva qual é a importância de cada um deles para você ser quem é hoje), procurando entrar em contato com seus sentimentos e com a relevância desses fatos.

Os principais eventos da minha história de vida são:

Data / Idade → Fato → Importância

E então... como foi fazer esta atividade?

As pessoas costumam ter percepções muito diversas após o resgate de suas histórias. Algumas ficam com saudades dos tempos bons que viveram, outras ficam tristes por relembrar momentos difíceis e outras ainda ficam surpresas de se darem conta de quanta coisa já viveram.

Um ponto importante é tentar resgatar também os primeiros **sete anos** da sua vida (Veja o quadro sobre os setênios mais adiante). Essa é uma fase em que somos muito a nossa essência. Depois temos que nos ajustar à vida e ao nosso contexto familiar, acadêmico e profissional. Para fazer esse resgate, conte com fotos e lembranças de pessoas que conviveram com você nessa fase. Pergunte como era a sua personalidade, coisas curiosas que fazia, brincadeiras que gostava e que papel você exercia nessas brincadeiras.

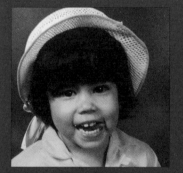

RESGATE DA INFÂNCIA

Quando perguntei para os meus pais como eu era quando pequena, eles contaram que eu gostava de ir até a mesa de outras pessoas quando íamos almoçar fora. Aí eu perguntava: "Você gostou de mim? É que eu vi você olhando para mim. Posso pegar uma batatinha?". E esse jeito meio "sem noção", de ir chegando nas pessoas, tentando cativá-las e conseguir o que preciso é algo que me acompanha até hoje. Por outro lado, eu era muito leve, descontraída, solta. E hoje me vejo muitas vezes presa ao padrão. Então tento resgatar essa Carol sapeca e autêntica que tenho na essência.

E você? Procure resgatar uma foto sua de criança e perguntar: o que essa pessoa diria para você hoje? Do que teria orgulho? O que ela pediria para resgatar em você?

P.S.: aprendi essa atividade com a amiga e coach Marisa Bussacos.

A psicóloga e consteladora familiar Daniela Silvares nos conta sobre a importância desse olhar para a nossa infância e do resgate da nossa criança interior.

A CRIANÇA INTERIOR COMO CAMINHO DE RECONEXÃO COM NOSSO PROPÓSITO DE VIDA

Daniela Silvares

A criança que fui chora na estrada
Deixei-a ali, quando vim ser quem sou
Mas hoje, vendo que o que sou é nada
Quero ir buscar quem fui, onde ficou
– Fernando Pessoa

Crescemos, mas trazemos internamente uma criança, aquela criança que já fomos um dia. Nossa criança interior impacta profundamente nossa vida adulta, influenciando as escolhas que fazemos, a forma como nos relacionamos e nos colocamos na vida.

É pelo olhar dessa criança que enxergamos o mundo e nos enxergamos. É pelo olhar dessa criança que construímos a maioria das nossas crenças, daquilo que acreditamos sobre nós, sobre merecimento, trabalho, dinheiro e tantos outros aspectos.

Ao nascer, estamos profundamente conectados à nossa essência. Chegamos confiando no mundo, confiando em quem somos. Trazemos um olhar curioso e ativo para a vida e estamos entregues para nossas experiências, presentes de corpo e alma em tudo o que fazemos.

Nossa criança, então, é fonte de recurso valioso para nossa vida adulta, pois ela traz aspectos que nos relembram quem somos e o que nos importa verdadeiramente. Porém, à medida que nossa criança vai vivenciando suas experiências humanas, ela vai se desconectando de si mesma.

Nossos pais (ou cuidadores), por melhores que sejam, não podem nos dar tudo aquilo que precisamos. Não é possível a eles lidar com tanta potência, pois eles também foram tolhidos em suas infâncias. Por isso, desde muito cedo entramos em um processo de desconexão, buscando fazer ou mostrar ser aquilo que esperam (ou exijam) de nós.

Diante da necessidade de pertencimento, de nos sentirmos aceitos e amados pela nossa família, iniciamos um processo de construção da nossa personalidade, de criação de máscaras para que possamos nos sentir aprovados e validados. Assumimos papéis e posições que atendam o sistema familiar, na expectativa de dar aos pais o que achamos que eles precisam. Passamos a nos colocar no mundo na busca do olhar e da aprovação externa, deixando de expressar quem somos e o que queremos.

> O convite que a vida adulta nos traz é de resgatar essa conexão, de reconhecer o "para que estamos aqui" e aquilo que temos a contribuir com o mundo, já que somos seres únicos e por natureza, autênticos. Sendo assim, o olhar para nossa infância e para a criança que fomos um dia passa a ser um caminho potente para quem deseja viver uma vida conectada com seu Propósito de Vida e com sua essência mais profunda.

Muito lindo olhar para nossa criança, não é?

Vamos agora dar mais um passo e redigir a sua história de vida em formato de texto. Basicamente a atividade é transformar os fatos que você já registrou em redação. No entanto, é hora de colocar mais "alma" nesses fatos...

"Talvez as histórias sejam apenas dados com alma"
— BRENÉ BROWN[4]

Como colocar alma? Procure resgatar os sentimentos que cada fato lhe despertou e relate a importância de cada passagem para você. Inclua as pessoas importantes ao longo da sua trajetória. E traga os sentidos: cheiros, sabores, imagens, sons, toque... Sabe aquele cheiro de infância? Pode ser o brigadeiro de colher que você fazia, o chocolate quente que sua avó preparava, o perfume de alguém importante. Traga isso para transportá-lo para aquela época.

Vou compartilhar como começa a minha história:

A minha história de vida começa quando meu pai, Carlos Shinoda, veio de Atibaia para São Paulo e conheceu a minha mãe, Valéria Messias, na farmácia dos meus avós em Higienópolis. Meu pai é descendente de japoneses, dedicado e racional. Minha mãe é descendente de espanhóis, flexível e afetiva. E foi dessa união de opostos que eu vim para o mundo.

---

4. BROWN, B. Site oficial. Disponível em: https://brenebrown.com/. Acesso em: 25 jun. 2021. Frase original: *"Maybe stories are just data with a soul."*

Nasci em setembro de 1984, uma típica virginiana. Sempre fui uma criança alegre e espontânea. Gostava de pegar batatinhas nas mesas de outras pessoas nos restaurantes. Imitava meu pai trabalhando, colocando um caixote no chão e mexendo as mãozinhas no ar dizendo que estava também ´tabaiando´. Lembro da minha mãe fazendo suco de laranja naquela cozinha ensolarada do apartamento na Rua Indiana e meu pai deixando que eu prendesse o cabelo dele com as minhas chuquinhas. Foi uma infância muito feliz, especialmente quando, prestes a completar 5 anos de idade, a Luli chegou para completar nossa família. [...]

(E daí em diante garanto que tem vários altos e baixos... como em toda história! Se um dia nos encontrarmos pessoalmente, conto a você!)

Algumas pessoas ficam com dúvida sobre o tamanho que deve ter a história de vida. Não existe um parâmetro para a medida "certa", pois isso depende da sua necessidade, estilo de redação, energia. O que posso dizer é que, em geral, as pessoas escrevem de duas a cinco páginas. Há quem inclua fotos, letras de músicas, tecidos, cartas, e isso acaba aumentando a extensão. Vamos reservar três páginas para esta atividade aqui no guia, mas se precisar de um espaço maior, pegue um caderno ou abra uma página no seu computador para fazer seu registro.

O importante é entrar em contato emocionalmente com os fatos. Se houver pontos muito doloridos da sua história e não se sentir pronto para se conectar, é importante se respeitar também. Você é a melhor pessoa para saber até onde pode ir em cada atividade.

Vamos lá?

História de Vida de _____

Desenvolvendo o seu propósito em 5 etapas   105

106   Propósito de vida: um guia prático para desenvolver o seu

Desenvolvendo o seu propósito em 5 etapas   107

Após terminar de escrever a sua história, faça um momento de reflexão. Algumas perguntas podem ajudar:

- Que forças você construiu a partir de tudo o que você viveu?
- Quais foram suas maiores conquistas?
- O que você aprendeu a partir das dificuldades que viveu?
- Que valores nortearam as suas maiores decisões?
- Quais pessoas o ajudaram a chegar até onde está hoje? O que aprendeu com cada uma delas?
- Quais padrões você percebe que repetiu? (nos relacionamentos, no trabalho, na vida em geral)
- Há algo que você quer que comece a ser diferente a partir de agora? Se sim, como pode iniciar essa mudança?
- E o que você quer manter daqui para frente? (o que deve conservar)

A nossa história é repleta de ciclos de aprendizado. Joseph Campbell, professor e escritor norte-americano, escreveu um livro chamado "O herói de mil faces", em que revela uma estrutura que é base para qualquer história (mitos, lendas). Os filmes também utilizam essa base, que tem a ver com um rito de passagem, em que se sai de um ponto, passa-se por desafios e chega a outro ponto mais evoluído. Todos nós vivemos esse ciclo, que ficou conhecido depois como "a jornada do herói". Para acessar um vídeo que ilustra essa jornada, utilize o QRCode ou link a seguir:

VÍDEO: O QUE FAZ UM HERÓI?

https://bit.ly/3wwfQ8E

- Quais momentos da sua história você associa a essa jornada do herói?
- Quem são as pessoas que o ajudaram com assistência (conselhos, orientações, força, ferramentas) para enfrentar seus desafios?
- Em que momento da jornada você se encontra hoje?

Pode ser interessante você situar a sua biografia de acordo com os setênios. De acordo com a Antroposofia, que é uma filosofia sobre o desenvolvimento humano fundada por Rudolf Steiner (filósofo e educador), a cada sete anos o ser humano vivencia ciclos que têm características comuns. Veja o quadro sobre os setênios escrito pela *coach* Marisa Bussacos. A Marisa fez formação de coaches comigo no Instituto EcoSocial, que tem uma base antroposófica e está finalizando a formação de quatro anos em Aconselhamento Biográfico pela Associação Sagres.

SETÊNIOS

Marisa Bussacos

Segundo a Antroposofia, existem leis que incidem sobre o desenvolvimento humano e são comuns a todos os seres humanos, ainda que cada pessoa as vivencie de uma maneira única.

Levamos nove meses completos para sermos gestados na barriga da nossa mãe e nove setênios para nos autogestarmos. Portanto, o estudo mais profundo foi feito até os 63 anos. Depois disso, é como se estivéssemos "libertos" dos processos de desenvolvimento e começássemos a plantar o nosso karma futuro, ou seja, questões a serem resolvidas em uma próxima vida.[5]

0 a 7 anos – FASE INFANTIL: estruturação do corpo físico

A vivência de que "o mundo é bom" nesse começo da vida é essencial para o desenvolvimento da pessoa, ou seja, de se sentir protegido, de sentir calor nas relações, de se sentir bem cuidado. A presença da mãe ou de quem faz o papel do feminino é fundamental.

7 a 14 anos – FASE JUVENIL: base para o amadurecimento psicológico

No segundo setênio, a vivência de que "o mundo é belo", um lugar bonito para se viver, torna-se mais importante. Do lugar mais protegido, o mundo é ampliado e uma autoridade amada (um bom professor) pode ajudar nessa transição. Há uma independência maior da mãe.

14 a 21 anos – FASE ADOLESCENTE: base para o amadurecimento social

No terceiro setênio, a vivência de que "o mundo é justo", de que as pessoas fazem o que falam, é fundamental para esse amadurecimento social. É um momento de escolha de profissão e de maior aterramento (separação da espiritualidade) do ser humano. Acontece o processo de individuação, de separação entre o que é dele e o que é dos pais.

21 a 28 anos – FASE EMOTIVA: de muita experimentação e uma busca por um lugar

É a fase da maioridade, da necessidade de assumir a responsabilidade por si. As emoções oscilam muito e a questão principal é: "como eu vivencio o mundo?". Experimentar lugares, trabalhos e relacionamentos, sem se fixar rapidamente, podem ajudar a responder à questão.

---

5. Referência para esses conteúdos: Livro "Biográficos: estudo da biografia humana" da Doutora Gudrun Burkhard.

28 a 35 anos – FASE RACIONAL: habilidades organizacionais e a conquista do lugar

É o momento de tornar-se mestre do próprio destino, e se fixar em um lugar para ganhar maturidade se faz necessário. Surge uma vontade de "ser alguém", mas importante que seja com respeito aos outros. Há a integração do masculino com o feminino dentro de si.

35 a 42 anos – FASE CONSCIENTE: habilidades sociais e a consolidação do lugar

Fase bem objetiva e de maior interiorização. Desenvolver a autocrítica ajuda a ser mais paciente com os erros alheios. Impor limites, ou seja, falar mais não para os outros, é um desafio importante dessa fase. O indivíduo está pronto para assumir funções de liderança.

42 a 49 anos – FASE IMAGINATIVA: habilidades conceituais e o exercício do altruísmo

Ao chegar nessa fase em que há um maior desprendimento das forças biológicas, é essencial buscar novos valores de vida e espirituais para que haja uma ampliação da consciência. É a fase da "nova visão". Os frutos já estão maduros e prontos para serem doados.

49 a 56 anos – FASE INSPIRATIVA: visão mais holística e criativa da vida

Há uma harmonia interna cada vez maior e a importância de equilibrar as solicitações da vida externa e da interna. Encontrar um novo ritmo de vida é primordial. Agora sim chega-se à fase mais altruísta da vida e a passagem da idade ativa para a velhice.

56 a 63 anos – FASE INTUITIVA: liberdade no agir e a busca por uma nova missão

Fase de introspecção. Sessenta porcento das grandes obras universais foram compostas após os 60 anos. É um novo viver, uma boa época para fazer a retrospectiva da vida: "o que consegui realizar e o que ainda gostaria de desenvolver?". A espiritualidade está mergulhada no corpo e irradia uma luz espiritual.

Que todos possam aproveitar para fazer o resgate de sua própria biografia e tomar a vida nas próprias mãos.

Rever o passado serve para nos libertarmos dele e não para ficarmos presos a ele, dessa forma, podemos até modificar o futuro, já que nos tornamos mais conscientes do rumo que está tomando a nossa vida. Vivendo cada fase com presença e consciência vamos nos preparando melhor para a seguinte. Sem nos apressarmos demais e sem estagnarmos na vida.

Desenvolvendo o seu propósito em 5 etapas   111

É muito interessante revisitar a nossa história de vida comparando com o que cada setênio nos convida a vivenciar. Procure fazer essa análise. Para mim, trouxe muita tranquilidade perceber que, apesar de a minha biografia ser única, estou na caminhada da vida como todos os seres humanos e que há um momento propício para cada etapa. Não preciso me forçar a vivenciar plenamente minha espiritualidade se ainda não é a fase mais natural para isso. Isso não significa ser passiva em relação à vida, mas compreender que apesar de ter a minha individualidade, também sou um ser humano como todos, com fases para viver cada etapa da vida.

Uma atividade que pode ajudar a revelar os significados dos fatos da sua história é **reescrevê-la em forma de conto**. Para isso, é necessário que você crie um cenário para representar o contexto da sua vida e que você se transforme em algo que não seja exatamente uma pessoa. Pode ser um animal que o represente, um ser mitológico, um objeto. É necessário um certo desprendimento nessa atividade, pois em geral, nos julgamos muito quando estamos criando fantasias. Se ajudar, imagine que quer contar sua história de vida para uma criança (talvez seu filho, sobrinho, afilhado). Como você contaria?

No final da minha formação de coaches no Instituto EcoSocial fizemos essa atividade. Foi difícil no começo, mas depois percebi como me ajudou a revelar a forma como eu me via e o que os eventos da minha história significaram para mim. Vou compartilhar o comecinho e o final da minha história em forma de conto aqui:

O conto da Massinha

Um dia o Oriente deu um jeitinho de encontrar com o Ocidente. E dessa união de opostos, quente e frio, vermelho e azul, nasceu a massinha. Massinha tinha uma cor roxa por causa de sua mistura e era muito animada, vivia rolando para cima e para baixo.

Nos primeiros anos de sua vida, quis colocar o azul que a compunha para fora, escondendo seus tons avermelhados. E foi se moldando, se moldando, até ficar bem quadrada. Ganhou respeito de outras massinhas com isso. No entanto, conforme a vida pedia que ela também mostrasse seu vermelho, que era o que fazia ´grudar´ em outras massinhas, ela sofria, pois já não estava encontrando essa cor dentro de si.

[...]

Um dia, a massinha caiu em um rio e já não podia controlar para onde era levada. Foi encontrando outras massas pelo caminho, até formarem uma grande ponte. A ponte ainda pode ser vista. Fica bem ali, no encontro do Oriente com o Ocidente.

Ao ler o conto da minha história, foi muito interessante perceber como eu me via como uma mistura do que aprendi com meus pais e como rejeitei por muito tempo o meu lado mais afetivo (representado pela cor vermelha). Queria parecer com meu pai, todo correto e racional (a cor azul). Não sabia lidar com a emoção, então achei melhor deixá-la mais escondida. E foi curioso ver o final que emergiu, que tem muito a ver com o desejo de fazer projetos coletivos. Então, recomendo essa atividade, que exige um grau de complexidade maior.

Espaço para o seu conto:

Para fechar esta atividade sobre a história de vida, peço para compartilhar a sua história (e o seu conto) com seu companheiro de jornada, aquela pessoa que você escolheu no começo dessa etapa.

Antes de ler a sua história (e recomendo que faça isso em voz alta, dando espaço para a sua emoção), peça para a pessoa anotar as forças que ela viu em você. Depois a ouça com atenção. Não questione ou rebata, apenas procure ouvir, se abrindo para o que ela vai dizer. Registre a seguir os comentários dela.

Comentários recebidos sobre minhas forças:

Às vezes não damos valor para coisas que fazemos com naturalidade. No entanto, não é porque é fácil para você ser como é que seja algo sem importância. Muito pelo contrário. Então dê espaço para valorizar o que você tem como talento ou capacidade na visão do outro. Isso pode trazer descobertas importantes sobre o que tem a oferecer ao mundo na forma de Propósito. ;)

....

DICA 8
Precisamos entender como chegamos até aqui
para definir onde queremos chegar
....

Atividade 2 – Personalidade

Agora vamos adicionar uma lente para o seu autoconhecimento, que é a sua personalidade. A personalidade tem a ver com a maneira que o sistema psicológico de uma pessoa funciona, como influencia os padrões de comportamento e como experiencia o mundo.[6] É a forma como uma pessoa reage e interage com as demais, sendo parte hereditária e parte formada a partir do meio em que vive.[7]

Na época em que eu era consultora na Cia de Talentos e íamos dar a devolutiva da personalidade de um cliente, costumávamos explicar que a personalidade é a tendência dela, o que ela faz de forma mais natural, como escrever com a mão direita se ela for destra. É claro que podemos aprender ao longo da vida a escrever com a outra mão (exercer o comportamento oposto ao nosso natural), mas é mais difícil, exige treino e ficamos mais cansados com esse tipo de atividade. Por isso, é importante conhecer nossa personalidade para reconhecer o que fazemos com mais naturalidade e o que vai exigir mais de nós.

Há diversas teorias e instrumentos para mapear a personalidade de uma pessoa. E grande parte dos instrumentos é paga. Existe uma versão gratuita disponível no site "16personalities", que na minha opinião oferece uma análise bastante rica.

Este teste se baseia na teoria do *Big Five*, que agrupa as características de personalidade em cinco categorias (extroversão, abertura para experiências, conscienciosidade, amabilidade e neuroticismo), mas utiliza as mesmas quatro letras do teste do MBTI (ESTJ, INFP etc.), que é um teste pago utilizado em muitas organizações. MBTI vem do inglês *Myers–Briggs Type Indicator* e recebeu este nome porque foi criado por Katharine Cook Briggs e Isabel Briggs Myers (mãe e filha).

Como o MBTI não mensura o neuroticismo (questão da estabilidade emocional), o teste deste site adiciona questões para avaliar este aspecto. É por isso que o seu resultado vai ter uma quinta letra associada ao aspecto emocional ("A" de assertivo e "T" de turbulento).

Você pode pesquisar mais sobre o Big Five e o MBTI, mas aqui não vou detalhar estas abordagens, por exigiriam um mergulho profundo

---

6. CERVONE, D.; LAWRENCE, P. *Personality: theory and research.* 14. ed. Hoboken, NJ: John Wiley & Sons, 2019.

7. ROBBINS, S.; JUDGE, T. A.; SOBRAL, F. *Comportamento organizacional*: teoria e prática no contexto brasileiro. 14. ed. São Paulo: Person Prentice Hall, 2010.

para ser fiel aos estudos que dão origem a eles. Se tiver interesse em fazer o MBTI original, há diversas consultorias e coaches experientes que oferecerem o serviço do teste (chamam de *assessment*) com uma devolutiva do seu resultado. Busque alguém que tenha feito uma formação em MBTI para uma maior segurança na qualidade da sua devolutiva.

Para fazer o seu teste no site "16personalities", procure reservar um tempo de qualidade (cerca de 20 minutos) para responder às perguntas.

E tente reconhecer o que lhe parecer mais natural, os comportamentos que você tende a ter em momentos de lazer. Como especialmente no trabalho temos uma série de exigências de comportamento, muitas vezes nos adequamos ao que é pedido a nós, mesmo que não seja nosso jeito de ser mais natural.

Por exemplo, quando você vai viajar ou fazer compras de supermercado, talvez você prefira ir sem roteiro ou lista (precisa de menos estrutura), mas o seu trabalho pode exigir que você tenha sempre um cronograma de tarefas em mãos. O seu comportamento natural seria então mais espontâneo do que planejado, nesse caso. Assim, **cuide para não responder ao teste como é exigido que você seja e, sim, como você tende a ser naturalmente**.

Faça o seu teste aqui: https://www.16personalities.com/br
IMPORTANTE: procure responder ao teste em um momento tranquilo. Caso tenha tido um dia "daqueles", reserve outro momento para esta atividade. O teste trará um resultado espelhado em suas respostas. Se você responder em um momento em que não estiver sendo "você", o resultado será impactado por isso. Então planeje quando irá responder e cuide do seu ambiente para não ser interrompido no processo. ;)

O resultado do seu teste é: _____
(exemplos: ISTP-A ou ESFJ-T)

Para não se influenciar, recomendo que só continue a ler este material após obter seu resultado.

A seguir, vou comentar os resultados de cada aspecto da personalidade, combinando a análise oferecida pelo site com a minha experiência em devolutivas de personalidade. Se quiser informações adicionais sobre o seu resultado, há uma parte do site (em inglês)[8] que pode acessar: https://www.16personalities.com/articles/our-theory

Extrovertido (E) x Introvertido (I)

A primeira letra do seu teste é o "E" (de extrovertido) ou o "I" (de introvertido). O aspecto da extroversão tem muito a ver com a forma como nós interagimos com o mundo exterior, pois depende de onde buscamos energia. Quem é mais extrovertido (é a letra "E" no teste) precisa de mais interação com o mundo externo para se energizar, então costuma se engajar mais nas atividades sociais e trocar com as pessoas. Já quem é mais introvertido (é a letra "I" no teste) precisa de tempo consigo mesmo para se energizar. Costumam ser sensíveis a estímulos, então música alta ou muita gente falando ao mesmo tempo o incomoda.

Quando um extrovertido tem um problema, tende a buscar pessoas para conversar e chegar a uma solução. Já um introvertido busca ficar sozinho para poder pensar com calma. Os extrovertidos tendem a ter um número grande relações, participar de diversos grupos de WhatsApp, por exemplo. Um introvertido costuma ser dos poucos e bons amigos.

Uma vez que você identificou o seu perfil, procure pensar em uma pessoa que tem o perfil oposto ao seu neste aspecto da extroversão. Vamos praticar um exercício de empatia mais para frente no processo.

Nome da pessoa com perfil oposto ao seu nesse aspecto:

---

8. O navegador Google Chrome às vezes te dá a opção de ler em português por meio do Google Translate.

Observador (S) x Intuição (N)

Esse segundo aspecto se relaciona com como processamos as informações. A pessoa que é mais do tipo Observadora (S, do termo em inglês *Sensing*, equivalente à sensação) costuma ser mais prática, com foco no que acontece aqui e agora. Já a pessoa mais Intuição (letra N, de iNtuição, para diferenciar do I de Introvertido) costuma ser mais imaginativa, com foco no futuro. A pessoa com perfil Observadora é mais apegada às palavras (o que foi dito), enquanto a pessoa com perfil Intuição se atenta mais ao que não foi dito concretamente, ou seja, o que ficou nas entrelinhas.

É natural na hora de avaliar uma situação nova ou um problema que a pessoa do tipo Observadora procure o que funcionou no passado para tentar lidar com aquilo. A pessoa do tipo Intuição já tende a criar uma nova maneira de lidar com isso.

O Observador prefere o conhecido (pede o mesmo prato daquele restaurante que já gosta) e o Intuição gosta mais de novidade (quer experimentar algo diferente, mesmo que se decepcione).

Fez sentido para você?

Novamente peço que você identifique uma pessoa com perfil oposto ao seu para o exercício futuro de empatia.

Nome da pessoa com perfil oposto ao seu nesse aspecto:

_____

Pensamento (T) x Sentimento (F)

O terceiro aspecto da personalidade diz respeito ao Pensamento (T de "Thinking") e ao Sentimento (F de "Feeling") e tem a ver com a nossa maneira de tomar decisões.

Este ponto costuma trazer bastante divergência nas relações afetivas e amorosas, pois quando temos que tomar uma única decisão sendo duas pessoas que priorizam aspectos diferentes, pode ser difícil de compreender o outro e chegar a um ponto comum.

Uma pessoa do tipo Pensamento é mais lógica e racional, ponderando diversos aspectos para tomar uma decisão (as pessoas, o dinheiro, o tempo, a situação). Já a pessoa do tipo Sentimento é mais sensível às pessoas (é o principal fator que considera na tomada de decisão) e mais voltada à cooperação e harmonia do ambiente.

A forma de demonstrar preocupação e carinho costuma ser diferente. Se eu disser para uma amiga "T" que minha mãe está na UTI, é possível que a primeira pergunta dela seja: "ela tem plano de saúde?" (é a forma racional de cuidar). Já se eu contar para uma amiga "F", ela pode perguntar: "nossa, mas como você está com isso?". Costumo brincar que meus amigos do tipo Pensamento cuidam de mim com o cérebro (é onde se apoiam para ajudar) e os amigos do tipo Sentimento cuidam com o colo e o coração.

Já identificou aquela pessoa que é bem oposta a você? E quanto mais dificuldade de relacionamento tiver com essa pessoa, melhor. Especialmente se for alguém que é importante para você e que gostaria de compreendê-la melhor.

Nome da pessoa com perfil oposto ao seu nesse aspecto:

Julgamento (J) x Exploração (P)

O quarto aspecto tem a ver com nosso estilo de vida, nossa necessidade de estruturação e planejamento. As pessoas do tipo Julgamento (e cuidado que não tem nada a ver com julgar ou não outras pessoas) são mais planejadas, do tipo que fazem lista de supermercado e seguem a lista. Preferem previsibilidade e controle. Já as pessoas do tipo Exploração ("P" é do termo em inglês *Perception*, que seria também traduzido por percepção) têm mais facilidade para o improviso e a adaptação. Podem até fazer uma lista de compras, mas ao chegarem no supermercado e verem uma oferta, podem deixar a lista inicial de lado para aproveitar a promoção.

Em viagens, a pessoas "J" buscam fazer roteiros para garantir que visitarão os pontos mais importantes. Já as pessoas "P" gostam de passear mais livremente e se surpreender com o que aparece no caminho.

Procure identificar uma pessoa que conheça que seja o oposto ao seu perfil quanto a essa necessidade (ou não!) de estruturação.

Nome da pessoa com perfil oposto ao seu nesse aspecto:

Assertivo (-A) x Cauteloso (-T)

E, finalmente, o quinto aspecto tem a ver com a lente de aumento que temos para o mundo e nossa confiança a partir desse olhar. Pessoas assertivas tendem a ver os problemas de forma mais branda, a não se estressar facilmente e têm uma postura mais otimista quanto à vida (sempre deu certo, então dessa vez vai dar também!). Já as pessoas Cautelosas ("T" do termo em inglês *Turbulent*, ou Turbulentas) são mais suscetíveis ao estresse, mais intensas emocionalmente e mais preocupadas. Costumam ser mais perfeccionistas e exigentes.

E então? Já identificou alguém oposto a você quanto a esse aspecto da personalidade?

Nome da pessoa com perfil oposto ao seu nesse aspecto:

No capítulo sobre Empatia vamos retomar essa atividade, trabalhando alguns pontos sobre as pessoas que escolheu como tendo perfil oposto ao seu em cada um dos aspectos.

Busque agora voltar à sua história de vida. Procure refletir sobre algumas questões:

- Em que momentos da sua história a sua personalidade ficou evidente? (pense nos momentos de tomada de decisão, nos seus relacionamentos, nas pessoas com quem mais se identifica e nas mais difíceis de lidar)
- Como a sua personalidade facilita ou dificulta o seu dia a dia? (tanto na vida pessoal quanto profissional)
- De quais aspectos precisa cuidar? Pode ser equilibrar uma tendência muito intensa que você tenha ou mesmo dar mais espaço para que sua personalidade possa se expressar.

Um ponto importante é que a personalidade não determina os comportamentos de uma pessoa, é apenas um dos influenciadores. Não é porque uma pessoa tem um perfil introvertido, por exemplo, que não possa ser um professor extremamente comunicativo com seus alunos. Nós podemos desenvolver nossos comportamentos a partir das nossas intenções e necessidades. Há um TED do Dr. Brian Little, professor de Psicologia da Universidade de Cambridge, sobre esse ponto, que discute o que nos define (se nossa personalidade ou nossos projetos de vida). E aí... o que será que prevalece?

TED: "QUEM É VOCÊ REALMENTE? O QUEBRA-CABEÇAS DA PERSONALIDADE"

https://bit.ly/3k3Yqhb

- O que nos torna únicos segundo o Dr. Little? Isso faz sentido para você?
- Quais aspectos o ajudaram a conquistar seus projetos de vida?
- E quais aspectos da sua personalidade você acredita que precisou adaptar em prol dos seus projetos de vida?

Desenvolvendo o seu propósito em 5 etapas 123

Então, até aqui você tomou consciência da sua história de vida e da sua personalidade, entendendo inclusive que uma coisa interfere na outra. Tanto a sua personalidade facilitou ou dificultou alguns eventos na sua vida quanto os acontecimentos da sua história fizeram com que precisasse se apoiar em pontos facilitados pela sua personalidade ou demandaram que desenvolvesse comportamentos do perfil oposto ao seu. É um processo dinâmico de ajuste.

Vamos agora adicionar mais um aspecto de autoconhecimento, que são os valores.

Atividade 3 - Valores

Valores são – como o próprio nome sugere – aquilo que valorizamos, o que damos valor. Os valores são os balizadores das nossas decisões, aquilo que nos faz priorizar um determinado caminho em detrimento de outro.

Por exemplo, no campo profissional, algumas pessoas valorizam mais segurança do que autonomia e isso pode fazer com que busquem empregos mais estáveis ainda que eventualmente tenham menos liberdade ou flexibilidade. Há pessoas que valorizam poder se dedicar a uma causa em que acreditam e isso talvez seja mais relevante do que segurança e estabilidade.

Há um trabalho muito interessante sobre as **âncoras de carreira** do pesquisador Edgar Schein. As âncoras têm uma relação com os valores profissionais, e uma vez presentes no ambiente de trabalho da pessoa, ela se sente "ancorada" e não fica em busca de navegar com seu barco para outros mares. As oito âncoras que o Schein identificou foram: competência técnico-funcional; gerência geral; autonomia e liberdade; criatividade empreendedora; segurança e estabilidade; dedicação a uma causa; desafio puro; e estilo de vida. Há alguns testes disponíveis na internet baseados nas âncoras do Schein. Você também pode adquirir os livros dele sobre o tema (*"Career Anchors: Self Assessment"* ou "Identidade profissional: Como ajustar suas inclinações e suas opções de trabalho").

Veja a seguir com quais âncoras você mais se identifica.

1. Competência Técnico-Funcional

- Gosta de se especializar, aprofundar-se em alguns assuntos. Não é do tipo de pessoa que fica tranquila sabendo um pouco de cada coisa ("parece que não sei nada sobre nada!").
- Sente-se reconhecido quando outros especialistas valorizam seu conhecimento (muito mais do que o *feedback* de um diretor que não conhece nada sobre o assunto).
- Não valoriza ser promovido a um cargo mais alto se tiver que abandonar sua área de especialidade.

2. Gerência Geral

- Tem interesse em subir nos níveis organizacionais e ter amplitude de poder, tomar decisões que impactem muitas pessoas.
- Gosta de ter uma visão generalista, ampla (enxergar a floresta como um todo e não necessariamente cada árvore).
- Não se incomoda em ter que consultar especialistas para os detalhes, atendo-se à visão do todo.

3. Autonomia e Liberdade

- Valoriza poder fazer o trabalho à sua maneira, sem que alguém lhe diga o passo a passo de como fazer.
- Se lhe oferecerem um trabalho vitalício e com uma remuneração elevada, mas que não lhe dê a liberdade de fazer as coisas à sua maneira, é possível que não o aceite.
- Sente-se limitado em um trabalho repleto de regras e restrições.

4. Criatividade Empreendedora

- Quer construir um negócio próprio, a partir de suas próprias ideias e talentos.
- Pode trabalhar dentro de uma organização, mas precisa se sentir dono de uma parte do negócio ou ter os direitos sobre as suas criações.
- Não se sente confortável tendo que responder a um chefe autoritário e ter que se submeter à hierarquia organizacional, que iniba a sua capacidade de criar e gerar novos projetos.
- Está sempre tendo ideias sobre como montar ou expandir seu próprio negócio.

Desenvolvendo o seu propósito em 5 etapas **125**

5. Segurança e Estabilidade

- Sente necessidade de trabalhar com algo que lhe dê a sensação de segurança financeira.
- Não se sentiria bem aceitando um trabalho com altas possibilidades de ganho, mas que possa também ter momentos de poucos ganhos (altos e baixos não são muito confortáveis).
- Ter a certeza de que continuará no emprego é importante. Uma vida como profissional autônomo é percebida com grande "frio na barriga". Pode combinar carreiras, tendo um emprego fixo (ganhos recorrentes para ter segurança) e outro variável.

6. Dedicação a uma causa

- Valoriza contribuir com a humanidade, colocando seus talentos a serviço do mundo.
- Trabalhar em uma organização ou função que lhe traga muitos ganhos financeiros, mas que não possibilite que torne o mundo um lugar melhor não tem sentido.
- Poder oferecer algo positivo para a causa em que acredite (qualquer que seja a sua causa: saúde, diversidade, educação, animais, sustentabilidade) é o ponto mais importante.

7. Desafio Puro

- Sente-se extremamente motivado por situações difíceis de solucionar.
- Quando aparece um problema, fica animado pela oportunidade de unir suas competências para resolvê-lo.
- Anima-se se alguém diz: "olha, ninguém está conseguindo resolver esse problema, mas se quiser tentar". Ôoo que alegria! Pode deixar comigo!

8. Estilo de Vida

- Poder equilibrar a carreira e necessidades pessoais e familiares é muito importante.
- Não é que não goste de trabalhar ou que não seja dedicado. Pode "dar o sangue" pela empresa ou projeto, mas isso não pode invadir as demais áreas da sua vida.

- Pedir para a pessoa levar trabalho para casa ou trabalhar no final de semana consistentemente pode ser algo extremamente desmotivador, por não conseguir preservar o tempo para sua vida pessoal.

E então? Com quais âncoras você mais se identifica?

Um ponto importante: as âncoras têm a ver com prioridade. Isso significa que você pode valorizar todas, mas talvez considere algumas mais importantes do que outras. E quando avaliar seu trabalho atual ou estiver indo em busca de um emprego, é importante levá-las em consideração. Se as suas âncoras principais não puderem ser atendidas no seu trabalho, você terá vontade de mover o seu barquinho para outro lugar...

Outro ponto: posso ter âncoras que parecem antagônicas? Por exemplo, Competência Técnico-funcional (busca especialização) e Gerência Geral (valoriza abrangência)? Sim! É inclusive uma tendência de carreira você ter uma carreira em "T", que combina competências generalistas (gestão de pessoas, gestão de projetos) que seriam o eixo horizontal do T e competências técnicas (mais profundas, especializadas em algum tema como Finanças, Marketing Digital ou algum setor da economia) que seriam o eixo vertical.

Eu, por exemplo, tenho como principais âncoras Serviço e Dedicação à Causa, Autonomia e Segurança. Como posso querer ter autonomia e segurança ao mesmo tempo? Procuro combinar carreiras. Então tenho trabalhos fixos, como meu papel de coordenação no MBA, que me garantem segurança que vou pagar as contas todos os meses, e combino com projetos, que eu posso ter muita autonomia de inventar, testar ideias que podem não dar certo, sem o perigo dos altos e baixos financeiros. E busco sempre dentro do próprio MBA ter espaço para criar coisas novas e fazer as coisas à minha maneira. Se fosse um lugar muito cheio de regras e obrigações, seria muito difícil para mim. Por exemplo, quando eu trabalho para Instituições de Ensino que exigem uma lista de documentos imensa para poder dar aula, contrato de muitas páginas, regras para computar a presença dos alunos, eu fico extremamente desanimada, pois isso reduz minha autonomia.

E sempre busco trabalhos que, antes de tudo, me permitam estar a serviço da Educação e do Desenvolvimento de Pessoas. Isso é um elemento essencial. Mesmo que me ofereçam possibilidade de ganhar muito dinheiro, se o trabalho em si não tiver a ver com a causa que me interessa, não vou aceitar. Se não, já sei que vou me "arrastar" para fazer o trabalho e não vou dar o meu melhor.

As âncoras são então norteadores dos valores profissionais que buscamos no nosso trabalho.

E vale destacar que as âncoras, assim como os valores, podem mudar dependendo do momento de vida. Uma pessoa que sempre valorizou autonomia acima de qualquer outra âncora, mas agora teve um filho, pode passar a valorizar mais segurança. Isso faz parte, é dinâmico como a vida.

Outro exercício interessante para mapear os seus valores – e aí falo de valores de forma geral e não apenas os profissionais – é observar as pessoas que você admira. Para fazer isso:

1) Escolha três pessoas que você admire muito (não precisa considerar a pessoa perfeita, apenas admirá-la de forma geral). Podem ser pessoas da sua vida pessoal, profissional, acadêmica. O importante é você conhecer essa pessoa (não vale escolher uma personalidade famosa se não for alguém que você realmente conhece).

2) Escreva o nome delas a seguir, na primeira linha, ao lado dos números:

1.	2.	3.
•	•	•
•	•	•
•	•	•
•	•	•
•	•	•

3) Registre as características que cada uma dessas pessoas tem que faz com que você as admire. Por exemplo: "generosa", "determinada", "cuida das pessoas".

4) Ao final, observe o que anotou e reflita o quanto essas características representam os seus valores.

É muito difícil enxergar no outro características que não tem em
você mesmo. Então, quando "A fala sobre B, mais sabemos sobre A do
que sobre B" (Freud costuma dizer que "Quando Pedro me fala sobre
Paulo, sei mais de Pedro que de Paulo").

Isso significa que quando você (pessoa A) diz que a Maria (pessoa
B) é uma pessoa muito generosa, na verdade, isso diz muito mais sobre
você do que sobre a Maria. Isso funciona também quando alguém nos
incomoda... dizem que quando apontamos um dedo para alguém, estamos apontando três dedos para nós mesmos. Vale refletir sobre cada
pessoa que lhe gera incômodo... o que essa pessoa diz ou faz que o incomoda? O que gera o incômodo em você?

Vou dar um exemplo. Todo domingo minha irmã e eu vamos almoçar na casa dos meus pais. No final do almoço, meu pai quer que
a gente leve todas as frutas que ele tem em casa. "Leva esse caqui.
Está maravilhoso", ele diz. A minha irmã prontamente aceita e eu não
consigo: "Lu, não leva a fruta! Deixa para o papai!". Um dia fiquei
pensando por que aquilo me incomodava. É muito fácil apontar para
minha irmã e dizer que eu me incomodo pelo que ela fez ou da forma
como ela é. No entanto, quando olho para dentro de mim, percebo que
eu tenho dificuldade de aceitar presentes, de me sentir digna de receber. Então no fundo, a minha irritação é uma certa inveja da Lu por
ela ter essa capacidade de aceitar presentes. E se meu pai está ofere-
cendo, talvez seja porque ele vai ficar mais feliz de a gente ficar com a
fruta do que ele mesmo. Quando olhamos para nós e nos responsabi-
lizamos pelos próprios sentimentos, temos a chance de evoluir. E aí o
que as outras pessoas fazem passa a nos incomodar menos.

Difícil isso, né? Mas vale a pena o exercício.

E para finalizar essa atividade, que tal contar para essas pessoas que
você admira e valoriza estas qualidades nelas? Muitas vezes pessoas incríveis não têm a menor ideia do valor que elas têm. Reconhecer que
você enxerga essas qualidades pode ser muito positivo para elas.

Atividade 4 - Qualidades e Desafios

Com tudo o que você viveu até hoje, certamente construiu muitas qualidades, ou seja, pontos positivos que o ajudam a realizar o que é importante para você.

Alguns dons e aptidões que tinha desde cedo transformaram-se em talentos a partir das suas experiências, que foram refinando as suas potencialidades. Aquele talento para a arte foi se refinando e hoje sua percepção para o belo, para o sutil se desenvolveu. Aquele talento de comunicação da infância se aprimorou e hoje é uma capacidade importante para realizar seus projetos na empresa e facilitar o alinhamento do time.

E além do que já tinha como potencial, a partir de tudo o que viveu, apropriou-se de capacidades e desenvolveu pontos que são hoje "pontos fortes" em você. Os estudos também certamente lhe trouxeram conhecimentos que foram incluídos no seu portfólio de qualidades.

Então, vamos identificar as suas principais qualidades?

Fazer essa lista do zero nem sempre é simples para todo mundo. Há pessoas que estão sempre se analisando, anotando os *feedbacks*, fazendo cursos de autodesenvolvimento e que têm essa listinha mais pronta. No entanto, a maior parte das pessoas não se dá conta de tudo o que tem de positivo ou, pelo menos, não na dimensão de toda a sua positividade! :)

Em geral, as outras pessoas têm muito mais facilidade de enxergar o nosso brilho do que nós mesmos. No entanto, é importante antes de buscar essa referência externa, olhar para si de uma forma amorosa e assumir sua luz.

É interessante também um fenômeno que costuma acontecer quando algo é muito natural (sem esforço) para nós. Como é fácil, nem nos damos conta de que é um diferencial. Algumas pessoas que esconderam judeus em suas casas na época do holocausto foram entrevistadas depois sobre sua *coragem*. E elas não se viam como corajosas! Diziam que era a única coisa que poderiam ter feito...

A referência do outro é muito importante para entendermos quem somos. Será que todo mundo é tão determinado quanto você? Tão amoroso? Conhece tanto de determinado assunto? Tem a sua fé? O seu bom humor?

Talvez você não tenha um vocabulário de qualidades pronto para uso. Então vou incluir uma lista com algumas qualidades.[9] Assinale aquelas que poderiam descrever você:

Aberto	Cooperativo	Forte	Preciso
Adaptável	Corajoso	Generoso	Proativo
Afetivo	Cuidadoso	Grato	Protetor
Alegre	Criativo	Flexível	Pragmático
Ambicioso	Curioso	Focado	Racional
Animado	Decidido	Humilde	Rápido
Apoiador	Desprendido	Imaginativo	Realista
Astuto	Determinado	Independente	Reflexivo
Autoconfiante	Dinâmico	Influente	Resiliente
Autocontrolado	Diplomático	Inovador	Responsável
Autocrítico	Direto	Introspectivo	Seguro
Aventureiro	Disciplinado	Leal	Sensível
Bondoso	Discreto	Maduro	Sereno
Brincalhão	Divertido	Meigo	Simpático
Calmo	Eficaz	Modesto	Sincero
Carismático	Eficiente	Motivado	Sociável
Cauteloso	Empático	Mutável	Sofisticado
Competente	Empreendedor	Objetivo	Talentoso
Competitivo	Enérgico	Organizado	Tolerante
Comprometido	Engraçado	Ousado	Tradicional
Conciliador	Equilibrado	Paciente	Tranquilo
Confiante	Espirituoso	Perceptivo	Único
Confiável	Espontâneo	Persistente	Útil
Conhecedor	Estável	Pioneiro	Versátil
Consistente	Experiente	Pontual	Vigoroso
Convincente	Feliz	Positivo	Visionário

___
9. CLARK, 2013, p. 122-123.

Agora olhe para os momentos de conquista da sua história de vida. Quais qualidades você demonstrou para conseguir esses feitos? E olhando para os momentos difíceis: quais qualidades suas o apoiaram para superar essas adversidades?

Faça aqui sua lista de qualidades! Procure deixar o mais específico possível. Por exemplo, se você escolheu "Conhecedor" como qualidade, conhecedor do quê? Complemente. Você pode incluir competências desenvolvidas (gestão de projetos, análise de dados) e conhecimentos sobre temas específicos (marketing digital, história da arte) entre as suas qualidades. Assim você mostra mais consciência sobre suas qualidades.

Minhas principais qualidades são:

_____   _____   _____

_____   _____   _____

_____   _____   _____

Muito bem... saber se valorizar é uma virtude!

Agora vamos olhar para os seus principais desafios. Às vezes nos referimos a esse aspecto como "pontos fracos", mas esse termo passa uma sensação de estagnação, de algo que será sempre uma dificuldade. Os termos "Desafios" ou "Pontos a desenvolver", por outro lado, nos convidam a olhar para esses aspectos como potenciais para crescermos, evoluirmos. Isso não significa que não tenhamos que reconhecer nossas dificuldades e olhar só para o que já temos bem desenvolvido. Meu convite é apenas que você segure o "chicotinho" da autopunição e olhe com mais amorosidade para os pontos que ainda são difíceis para você.

Aqui nem vou oferecer uma lista de desafios, pois em geral as pessoas já têm essa lista quase que decorada sobre si! "Sou ansioso", "não tenho paciência", "me cobro demais". Então peço que anote os seus três principais desafios. Foque naqueles que realmente o seguram, que prejudicam seu crescimento, que lhe trazem sofrimento:

_____   _____   _____

Como foi para você fazer essas atividades?
Teve mais facilidade para eleger suas qualidades ou para indicar seus desafios? Percebeu algo sobre você que não tinha se dado conta?

Vamos agora pedir apoio para complementar a sua percepção tanto das suas qualidades quanto dos desafios. Próxima atividade!

Atividade 5 - Cartinhas (3C's)

Como já falamos, às vezes os outros conseguem ver nossas qualidades com mais facilidade do que nós mesmos. E podem trazer uma perspectiva diferente sobre o que achamos que é o nosso desafio. Então, vale usar esse olhar a nosso favor!

O primeiro passo é escolher as pessoas para o apoiarem. Devem ser pessoas em quem você confia, que você sabe que gostam de você. Não é o momento de buscar pessoas que podem sentir inveja das suas conquistas ou que você desconfia que não gostam de você para "tirar a prova" a partir dessa atividade. O objetivo é complementar a sua visão das suas qualidades de forma verdadeira e amorosa.

Você irá pedir a elas que **escrevam os 3Cs sobre você**:

1. O que eu devo **C**ONTINUAR fazendo? (coisas que já faço bem e que vale a pena eu manter)
2. O que eu poderia **C**OMEÇAR a fazer? (coisas que me ajudariam a ser ainda melhor)
3. O que eu poderia **C**ESSAR? (coisas que eu poderia parar de fazer)

Elas podem escrever em formato de carta ou até mesmo mandar um recado via áudio de WhatsApp. Recomendo que você reúna todos os *feedbacks* (devolutivas) e reserve um momento único para acessá-los. Dessa forma, você pode preparar o seu olhar antes da leitura/escuta, lembrando de dar atenção tanto aos pontos a melhorar quanto aos pontos positivos. O natural é só prestarmos atenção àquilo que precisamos mudar, sem valorizar todos os pontos positivos que nos ofereceram.

Então vamos lá! Faça aqui uma lista das pessoas para quem você gostaria de pedir esse *feedback* sobre você:

_____   _____   _____

_____   _____   _____

Veja se reuniu pessoas de contextos diferentes (família, amigos de infância, amigos mais recentes, colegas de trabalho) e de perfil diferente (diferentes gêneros, idades, personalidades). Assim você terá maior riqueza de olhares sobre você.

Faça o pedido para cada uma dessas pessoas. De preferência converse com cada uma delas – ligue ou encontre-as pessoalmente – para explicar por que você está fazendo esse pedido e a importância que tem para você. Reforce a necessidade de equilibrarem verdade e afetividade (ser honesto, mas com amor) e passe uma expectativa de prazo para a pessoa retornar a você (até daqui a uma semana, por exemplo), para que isso não fique perdido no tempo.

Um ponto importante: se a pessoa não lhe retornar no prazo, sinta se vale a pena fazer um lembrete. No entanto, não insista muito. Isso deve vir de forma natural. Se ninguém retornar ou se várias pessoas não retornarem, vale buscar entender com aquelas com quem você tem mais intimidade o motivo disso. Talvez as pessoas tenham receio de dizer o que pensam para você, talvez não se sintam aptas a fazer essa análise. Cada um pode ter uma razão diferente.

Já vi pessoas muito simples (geralmente pais e avós) que ficam sem jeito por não saber escrever bem o português ou até nunca ter tido essa experiência de *feedback*. Aliás, talvez nem precise usar essa palavra em inglês, apenas explicar que gostaria de receber um recadinho deles sobre o que pensam sobre você. Então procure entender como é para cada pessoa fazer esta atividade e ajude-a a encontrar a forma mais adequada. Se for melhor um bate-papo com um cafezinho, será incrível também. Não precisa ser obrigatoriamente uma carta ou áudio.

Antes de ouvir seus *feedbacks*, procure fazer a sua autoavaliação dos mesmos pontos:

Eu acho que devo CONTINUAR....

Eu acho que poderia COMEÇAR a...

Eu acho que poderia CESSAR/PARAR de...

Ótimo!

Assim que tiver o retorno das pessoas, faça um resumo a seguir dos principais resultados que recebeu:

As pessoas acham que eu devo CONTINUAR....

As pessoas acham que eu poderia COMEÇAR a...

As pessoas acham que eu poderia CESSAR/PARAR de...

Analise os pontos que mais se repetiram. Procure entender o motivo de as pessoas perceberem você dessa forma. É muito diferente a sua autopercepção e a percepção das pessoas? Se sim, por que será que isso acontece? Faça um registro da sua análise.

É legal tomar cuidado quando recebemos um *feedback* sobre algo que deveríamos mudar ou parar de fazer que não reconhecemos que faz sentido. Isso pode acontecer porque às vezes é difícil reconhecer que precisamos mudar, que não agradamos as pessoas em tudo. No entanto, pode ser que aquele fenômeno de "Quando A fala de B... mais sabemos sobre A do que sobre B" esteja acontecendo (discutimos isso na seção de Valores). Nesse caso, você é a pessoa "B". Pode ser que a pessoa que você escolheu para dar o *feedback* para você tenha alguma questão que é dela e você apenas "desperte" esse incômodo nela.

Vou dar um exemplo: uma pessoa me disse uma vez que eu deveria parar de fazer tantas coisas ao mesmo tempo, focar em menos coisas. No entanto, eu refleti na época e não achei que estava sendo um problema para mim abrir vários projetos ao mesmo tempo. Eu gosto de ser assim e, em geral, ter muitas coisas a entregar ao mesmo tempo não me atrapalha, pois me organizo e consigo entregar o que é importante. É só não exagerar. Então concluí que nesse caso poderia ser mais um incômodo que eu gero nela do que algo que preciso rever em mim. Essa pessoa tem dificuldade de fazer muitas coisas e, possivelmente também gostaria de ser capaz de gerenciar múltiplos projetos. Ou pode ser que acredite que as outras pessoas devam ser sempre iguais a ela. Então ela me diz que eu deveria parar de fazer isso, mas na verdade isso tem mais a ver com ela do que comigo. Entende? Faça essa avaliação, esse filtro quando receber seus *feedbacks*. Não é porque a outra pessoa lhe ofereceu um *feedback* que você é obrigado a aceitá-lo, se não fizer sentido para você.

A partir dessa atividade, quero convidá-lo a conhecer a Janela de Johari. Esse é um modelo criado por Joseph Luft e Harrington Ingham (por isso, Jo-hari) com o objetivo de ampliar a clareza das nossas relações interpessoais.

	Conhecido por mim	Não conhecido por mim
Conhecido pelos outros	Janela Aberta A	Janela Cega (preencher após *feedback*) C
Não conhecido pelos outros	Janela Oculta B	Janela Desconhecida D

Fonte: elaborada pela autora.

O eixo horizontal (o que é conhecido por mim e o que não é conhecido por mim) vai depender do quanto você busca *feedbacks*. Já o eixo vertical (conhecido pelos outros e não conhecido pelos outros) está relacionado a quanto você se expõe, se mostra para as outras pessoas.

A Janela Aberta (A) contém o que é conhecido tanto por você quanto pelos outros. Esse encontro pode acontecer tanto porque são características mais evidentes em você que acabam sendo facilmente percebidas pelos outros (uma pessoa muito alegre e espontânea, por exemplo) ou por você mostrar isso constantemente por meio das suas atitudes (alguém que defende abertamente seus ideais, por exemplo).

A Janela Oculta (B) inclui pontos que você sabe sobre você, mas que as outras pessoas não conhecem. Isso pode acontecer – de modo inverso à janela aberta – quando você possui características que não são tão evidentes (responsabilidade, por exemplo, não é algo que se nota em um primeiro momento, só com a convivência) ou que você não costuma demonstrar (tem pessoas que são muito emotivas e escondem isso por acharem que é uma fraqueza).

A Janela Cega (C) apresenta as características que as pessoas veem em você, mas que você não sabia (antes do *feedback*, é claro! Agora você já sabe!). Acontece quando o que você demonstra é diferente da sua

138   Propósito de vida: um guia prático para desenvolver o seu

intenção (uma pessoa que parece metida, mas na verdade é um amor e usa uma cara "amarrada" por pura defesa). Pode acontecer também quando você tem algum talento natural e não valoriza (nem percebe que aquilo é uma característica muito singular sua) ou quando não percebe que algo que faz impacta os demais (positiva ou negativamente). Pode acontecer de você ser uma pessoa falante e as pessoas sentirem que você não dá espaço para elas falarem também.

E, finalmente, a Janela Desconhecida (D) tem a ver com aspectos inconscientes, que não são conhecidos nem por você (no seu lado consciente) nem pelos outros. Aqui você deve estar se perguntando: se nem eu nem os outros conhecem, como é que eu vou preencher essa janela? Pois é! Difícil. No entanto, às vezes temos alguma consciência de algo mais profundo e podemos já sinalizar aqui.

Por exemplo, eu sei que tenho muito medo de perder o controle das coisas. Até pouco tempo atrás não tinha ideia do motivo disso, mas sabia que de alguma forma isso se manifestava. Depois fiz uma sessão de um método específico de meditação e entendi. Pode ser que você tenha uma intuição de algo sobre você. Em uma atividade artística em um retiro de yoga que participei, após uma meditação tínhamos que fazer um desenho do nosso futuro. Eu desenhei uma rede de pontos interconectados. Então eu sentia que tinha um projeto coletivo a realizar, mas não sabia de onde vinha isso. Poderia incluir na minha janela desconhecida "intenção de fazer um projeto coletivo". Se nada lhe ocorrer, não fique preocupado em preencher essa janela. Só de você saber que esse espaço existe, você já ficará mais conectado aos aspectos que estão no seu inconsciente esperando a hora certa para aparecer!

Convido você agora a preencher a Janela de Johari a partir das suas cartinhas.

Procure distribuir as suas qualidades e desafios, dividindo-os entre aqueles que também apareceram nos seus *feedbacks* das cartinhas (janela aberta) e os que não apareceram (janela oculta). Em seguida, busque os pontos que apareceram nos seus *feedbacks*, mas que você não imaginava/desconhecia (janela cega). E se tiver algum "rabinho" despontando de algo mais inconsciente sobre você, inclua ao final (janela desconhecida).

Desenvolvendo o seu propósito em 5 etapas   **139**

	Conhecido por mim	Não conhecido por mim
Conhecido pelos outros	Janela Aberta	Janela Cega (preencher após *feedback*)
Não conhecido pelos outros	Janela Oculta	Janela Desconhecida

E então, após preencher a sua Janela de Johari, o que você pode destacar como principais aprendizados dessa comparação de percepções entre você e os outros?

·······················
DICA 9
O olhar do outro sobre nós pode ajudar a
entender melhor quem somos
·······················

Atividade 6 – Subpersonalidades

Esse nome "subpersonalidades" me lembra muito aquele filme *Fragmentado* (nome original em inglês é "*Split*"). Não sei se você já assistiu, mas James McAvoy interpreta Kevin, que possui 23 personalidades! Afff... muito medo!

No entanto, na realidade, todos nós temos subpersonalidades (que é diferente de ter múltiplas personalidades), que são facetas de nossas características.

Tem pessoas que gostam de chamar essas facetas de "anjinho" e "diabinho", mas, na verdade, os diabinhos são também anjos, no sentido que vêm trazer uma mensagem de cuidado para que você não sofra. Lembro quando participei de um programa de desenvolvimento de Lideranças pelo Wyse e lá conheci a abordagem da psicossíntese. Achei muito verdadeira a mensagem de que essas nossas vozes internas são partes de nós que expressam necessidades.

Então, por exemplo, lá está você tarde da noite, antes de uma entrega de projeto importante, e uma voz vem à sua cabeça dizendo:

– Carol, você está tão cansada... já trabalhou tanto! Vamos assistir um capítulo da sua série favorita, depois dormir e amanhã você acorda um pouco mais cedo e termina seu projeto...

E, logo em seguida, vem outra voz contrapor essa ideia!

– Carolina! Nem venha com essa ideia de descansar. Você sempre conquistou as coisas sendo esforçada e responsável! Depois você descansa. Agora é trabalhar e entregar esse projeto!

Já teve esses diálogos internos? :)

Pois é! Se não teve, fique atento, pois eles acontecem dentro de você. Talvez você não ouça vozes como eu. Rsrs! Mas certamente consegue identificar diferentes necessidades dentro de você. Uma vontade de descansar... um impulso de colocar a "faca no dente" e trabalhar loucamente...

Desenvolvendo o seu propósito em 5 etapas **141**

É importante dar nome a essas partes de você. A primeira voz eu costumo chamar de "Carol Amorosa". É a parte de mim mais afetiva, que se preocupa com meu bem-estar e me alerta para eu não me sobrecarregar. Essa é a "luz" dessa minha subpersonalidade. No entanto, ela tem um lado "sombra" também. Se eu só ouvir a Carol Amorosa, não vou atrás das minhas conquistas, de tentar coisas novas, de me arriscar, pois não vou querer nunca ameaçar meu bem-estar.

Já a segunda voz eu costumo chamar de "Carol Samurai". [E por favor não tire sarro! Cada um chama suas subpersonalidades como quiser! kkk!]. Essa é uma parte de mim que vai à luta, que saca a espada, pode ficar sem comer por horas até que a batalha termine. Essa subpersonalidade me faz conquistar coisas, lutar pelo que quero. Porém, ela também tem sua sombra. Se eu nunca tirar a armadura do Samurai, vou morrer no campo de batalha. Não vou me alimentar, nem me relacionar com as pessoas que amo. É só luta!

É legal observar que a mesma característica que pode ser uma qualidade, em excesso pode tornar-se uma dificuldade. É como se o excesso de luz pudesse cegar. De outra maneira, podemos entender que cada característica tem em si a luz e a sombra. Por exemplo, uma pessoa muito determinada pode acabar sendo também teimosa, por ficar tão convicta de algo que tem dificuldade de enxergar possibilidades alternativas. O excesso de flexibilidade, por outro lado, pode dificultar que se cumpra prazos e finalize entregas.

Na Psicologia, o conceito de sombra tem uma concepção diferente. Leia o quadro da psicóloga Leila Brito, para entender esse conceito.

A SOMBRA NOSSA DE CADA DIA

Leila Oliveira Brito

Segundo a psicologia analítica de Carl Gustav Jung, o arquétipo da sombra representa o "lado sombrio" da nossa personalidade, onde estão contidos sentimentos mais primitivos. Podemos compreender a sombra como uma parte reprimida da personalidade agindo em benefício do ego pessoal, causando em muitas ocasiões disputas internas contra nós mesmos, através dos nossos medos, ressentimentos, inseguranças e frustrações, como um padrão compensatório. Tudo aquilo que não está na luz da consciência é sombra.

O ego evita o contato com a sombra, o que a consciência do ego rejeita, torna-se sombra, porém, quando este diálogo é possível, os aspectos inconscientes podem tornar-se conscientes, se fortalecendo e dando o espaço adequado para ela.

Podemos afirmar que o ego tem uma sombra. O enfrentamento e a adaptação ao mundo e às relações fazem com que o ego utilize a sombra para enfrentar situações não prazerosas que não conseguiria enfrentar sem um embate moral.

Há momentos que não nos reconhecemos em nossas ações, não é mesmo? Talvez seja a sombra atuando de forma inconsciente, através de polarizações, projeções e até mesmo um ego muito identificado com uma persona (segundo Jung, a pessoa-tal-como-apresentada e não a pessoa-como-real), negando o oposto, todas resultado de projeções inconscientes com a própria sombra.

Uma maneira de conquistar o autoconhecimento pode ser tornar as sombras conscientes e encará-las.

Mas como fazer isso?

Buscando ajuda profissional especializada, através da psicoterapia, por exemplo, independente da abordagem terapêutica, pois mesmo que o profissional não utilize o termo como o abordamos aqui, definido como sombra, o trabalho psicoterapêutico pode nos conduzir nesse processo.

Caso sinta necessidade de abrir-se para esta experiência de contato com os aspectos sombrios da sua personalidade ou perceba que pensamentos e sentimentos atrapalham sua vida e até mesmo o desenvolvimento do seu Propósito de Vida, busque um profissional com o qual tenha empatia e invista em você.

O importante é a busca por saúde mental como contribuição para melhora ou extinção do sofrimento psíquico que alguns desafios do dia a dia podem nos causar. Tal busca pode se tornar sua oportunidade de equilíbrio.

> *"Ninguém se ilumina imaginando figuras de luz, mas se conscientizando da escuridão".*
>
> – CARL GUSTAV JUNG
>
> Todos nós temos a sombra pessoal, e quanto mais oculta, maiores os obstáculos, pois tais conteúdos inconscientes são capazes de frustrar nossas melhores ações.
>
> Reconhecer que carregamos este conteúdo, que tudo que existe de negativo em nós faz parte da sombra e que projetar a sombra no outro não nos traz crescimento pode ser um caminho para o autoconhecimento.
>
> Encarar a sombra trará felicidade?
>
> Não sei dizer.
>
> Não há garantias, mas certamente encarar a sombra pode auxiliar a nos aceitarmos plenamente.
>
> Iluminar a sombra pessoal exige a disposição para a jornada.
>
> Realizar a descida ao mundo interior pode não ser uma das experiências mais agradáveis da vida, mas é necessário para o nosso crescimento pessoal, melhora da saúde mental e, consequentemente, para encontrar um sentido maior para nossa existência.

Preparado para integrar suas sombras? :) Processo difícil, mas importante para agirmos no mundo por inteiro.

E as subpersonalidades também nos ajudam nesse processo de integrar nossas várias partes. Percebemos que a questão é saber escolher em que momento devo deixar cada parte de mim "vir à baila" e tomar o centro do palco. Agora vem a questão... quem é que escolhe qual subpersonalidade vai ser ouvida e em que proporção? Também é uma parte de você. É o seu "eu" mais verdadeiro. Eu também dei um nome para essa parte central. Chamei de "Carol sábia". É aquela parte de mim mais equilibrada, madura, que sabe o que é melhor para mim em cada momento. Tem horas que vai chamar a Carol Samurai, mas tem outros momentos que vai empurrá-la para fora de cena e trazer a Carol Amorosa para restabelecer as energias.

E você? Consegue identificar essas partes de você? Como pode nomear cada parte?

Exemplos de nomes para as partes mais "agressivas": Carol Samurai, Frenética, Ansiosa, Controladora, Raivosa, Taz-Mania, Guerreira.

Para as partes mais "afetuosas": Carol Maternal, Amiga, Afetiva, Amorosa, Cuidadosa. E para as partes mais "equilibradas": Carol Sábia, Equilibrada, Centrada, Madura, Autêntica, Verdadeira, Conectada.

Ao longo do tempo, fui percebendo que existiam mais subpersonalidades atuando, e isso me lembrou muito as atitudes anímicas (da alma) que aprendi no meu curso de formação de Coaches do EcoSocial. Essa é uma abordagem da Antroposofia que associa as diferentes atitudes anímicas aos planetas. Por exemplo, a Carol Samurai está mais associada a Marte e a Carol Amorosa a Vênus.

Vamos conhecer as atitudes anímicas e analisar quais você percebe mais e menos presentes em você:

- Vênus: associada ao feminino, é a deusa do amor. Traz acolhimento, leveza, aprecia o belo e se preocupa com os sentimentos.
- Marte: associado ao masculino, é o deus da guerra. Tem força, coragem, desafia, questiona e vai para a ação.
- Mercúrio: deus dos mercadores e o único que conseguia navegar entre o mundo dos vivos e dos mortos. Associado à criatividade, ao improviso, à flexibilidade. É capaz de sociabilizar com diferentes pessoas (lida bem com a diversidade).
- Júpiter: é o maestro. Traz a visão do todo, sistêmico, estratégico.
- Lua: tem os ciclos e se preocupa com os rituais. Agrega qualidades de registro, da memória, de celebrar os rituais. Cuida do processo, dos ritmos.
- Saturno: associado à pesquisa, é profundo, metódico, planejado e solitário.
- Sol: é o equilíbrio. Autêntico, claro, verdadeiro.

Cada uma dessas atitudes anímicas traz em si a luz e a sombra também. Excesso de Vênus pode enfraquecer (só se acolhe, sem se colocar diante daquelas verdades necessárias, ainda que doloridas). Excesso de Marte pode machucar ao invés de mobilizar. Excesso de Mercúrio pode trazer inconsistência, falta de confiança. Júpiter demais pode perder a visão prática (só olha de cima sem definir como tornar realidade). Lua em excesso pode burocratizar e não se colocar em primeiro lugar (apenas cuida dos processos e dos outros). Saturno demais não se conecta com as pessoas, se isola em sua profundidade. E até o excesso de luz pode trazer uma visão autocentrada.

E então? Tomou consciência das diferentes partes de você? Faça o exercício de reconhecer a existência das suas subpersonalidades, dando nome a elas e descrevendo suas características. Procure perceber a luz e a sombra de cada uma:

Nome da subpersonalidade	Lado Luz	Lado Sombra

DICA 10
Cada aspecto traz em si luz e sombra

Atividade 7 - Obituário

O título desta seção pode trazer uma ideia de algo pesado, triste. No entanto, isso pode acontecer porque nossa civilização ocidental não tem uma boa relação com a morte de forma geral. Então, pensar que um dia iremos morrer pode trazer uma grande angústia para muitos de nós.

Contudo, a morte traz perspectiva. Pensar que um dia não estaremos mais aqui faz refletir sobre o que queremos fazer com nosso tempo em vida.

Ana Claudia Quintana Arantes é uma médica que trabalha com cuidados paliativos. Cuidados paliativos são uma forma de assistência para prover melhor qualidade de vida para pessoas com uma doença que ameace a vida (pessoas que estão morrendo). Ela escreve em seu livro "A morte é um dia que vale a pena viver":

> *A morte anunciada traz um encontro veloz com o sentido da vida, mas traz também a angústia de talvez não ter tempo suficiente para vivenciar esse encontro. [...] o doente toma consciência de sua mortalidade. E essa consciência o leva à busca do sentido de sua existência.*[10]

Lembrar que a vida é finita, ou seja, pensar na questão da morte, faz com que a gente pense na vida. Então, convido-o a uma reflexão: se você soubesse que iria morrer daqui a um ano, faria alguma mudança na sua vida hoje? Se sim, o que o impede de fazer isso desde já?

Escreva aqui a sua reflexão:

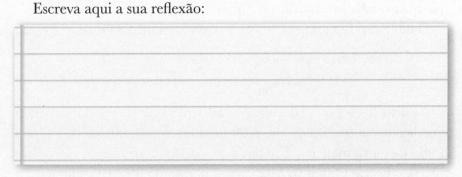

Essas questões provocativas dão um chacoalhão, né?

Eu penso que se soubesse que iria morrer daqui a um ano, aceleraria minhas produções de livros e cursos on-line para deixar tudo o que eu tive a oportunidade de aprender na vida de forma estruturada e pronta para ser compartilhada com as pessoas. E ficaria mais tempo com a família e os amigos. Celebraria mais as coisas boas da vida. Experimentaria todos os sabores que eu pudesse. Iria conhecer alguns lugares do Brasil e do mundo como os Lençóis Maranhenses e o Taiti (cuidando do aspecto

---

10. ARANTES, A. C. Q. *A morte é um dia que vale a pena viver*: e um excelente motivo para se buscar um novo olhar para a vida. Rio de Janeiro: Sextante, 2019. p. 42-43.

financeiro para não gastar além do que poderia). E deixaria bem-organizado para onde destinaria o dinheiro que restar na minha conta até lá (família e projetos sociais). Quando penso isso, percebo que eu não estou tão longe de fazer tudo o que importa, mas certamente o ritmo de como estou fazendo tudo é diferente. E eu perco energia às vezes com coisas pequenas que não valem a pena. Bora focar no que importa!

Muito bem. Espero que você tenha feito essa reflexão também. ;)

Voltando ao nosso exercício do obituário, quero contar para você a história do Alfred Nobel. Hoje o conhecemos pelo prêmio Nobel, mas antes de ele destinar boa parte da sua fortuna para premiar pessoas que contribuíssem com a humanidade, ele era um inventor sueco. Um dos seus inventos foi a dinamite, voltada ao uso na construção civil. No entanto, depois foi utilizada como artifício de guerra. Ele tinha um irmão que um dia faleceu e um jornal francês publicou o obituário achando que quem tinha morrido era o Alfred.[11]

O título do obituário era: "O mercador da morte está morto" e dizia:

"O Dr. Alfred Nobel, que ficou rico encontrando maneiras de matar mais pessoas mais rápido do que nunca, morreu ontem".[12]

A partir disso, Nobel decidiu que não queria deixar essa mensagem e dedicou-se a invenções que pudessem fazer com que ele fosse lembrado de outra maneira. Um ano antes de sua morte criou cinco premiações (Física, Química, Medicina, Literatura e Paz) e destinou mais de 90% de sua fortuna para que isso fosse viabilizado.

E lá vamos nós refletir a partir disso. Se você morresse hoje, o que escreveriam sobre você? O que as pessoas que o conheceram falariam

---

11. ANDREWS, E. Did a Premature Obituary Inspire the Nobel Prize? *History*, 9 dez. 2016. Disponível em: https://www.history.com/news/did-a-premature-obituary-inspire-the-nobel--prize. Acesso em: 10 jul. 2021.

12. ANDONOVSKA, A. Alfred Nobel created the Nobel Prize as a false obituary declared him "The Merchant of Death". The Vintage News, 14 out. 2016. Disponível em: https://www. thevintagenews.com/2016/10/14/alfred-nobel-created-the-nobel-prize-as-a-false-obituary--declared-him-the-merchant-of-death/#:~:text=Alfred%20Nobel%20had%20the%20 unpleasant,newspaper%20mistakenly%20published%20Alfred's%20obituary.&text=To%20 Alfred%2C%20this%20obituary%20was%20a%20warning. Acesso em: 10 jul. 2021.

sobre quem você foi? Esse pensamento costuma dar um aperto no coração. Isso pode acontecer porque dói imaginar o sofrimento das pessoas que nos amam com nossa partida, mas também porque podemos ficar um pouco frustrados com quem poderíamos ter sido e ainda não tivemos tempo ou foco para realizar.

Então, vou pedir para você fazer um exercício poderoso.

Para começar, quero que faça uma escolha. **Imagine** que você irá morrer com 100 anos de idade. Quem irá escrever/ler o seu obituário no dia da sua partida? Pode ser alguém que você acredita que estará vivo nessa altura, mas pode ser alguém inclusive que já se foi. Depende muito da sua crença. Se você tiver uma pessoa querida que faleceu, mas que você acredita que continue o acompanhando e vendo suas conquistas na vida, pode escolhê-la para "ler" o seu obituário, fazendo essa homenagem a você. Só não recomendaria escolher essa pessoa se essa perda ainda estiver muito dolorida para você. O exercício é sobre você e não sobre essa pessoa querida que se foi.

Pode escolher seu pai, sua mãe, vó, vô, irmã, irmão, melhor amigo, filho. Deve ser alguém que você acredita que saberá dizer quem você foi de verdade.

E por que oriento a se colocar no lugar de outra pessoa para escrever sobre você? Porque é muito mais difícil a gente "se achar" e dizer coisas incríveis e maravilhosas sobre quem teremos sido ao longo da nossa vida. Escrever: "Carol Shinoda foi um ser humano maravilhoso, sempre cuidando das pessoas à sua volta, deixará saudades" não é muito fácil, nem para mim, nem para a maioria das pessoas. No entanto, costumamos permitir mais a ideia de que outra pessoa possa achar a gente fenomenal. É um exercício projetivo, pois nós nos projetamos pelos olhos de outra pessoa que nos ama. Combinado? Se você achar que não precisa desse recurso e que seria totalmente capaz de dizer com todas as letras que você foi um ser magnífico, pode escolher você mesmo! Queria eu ter essa autoestima. :) Porém, se preferir usar essa abordagem de escolher alguém que "possa falar por você", escreva o nome dessa pessoa aqui: _____.

Agora vou sugerir que faça uma meditação para que possa relaxar e ativar a sua imaginação. Deixe lápis e borracha pertinho de você para que, quando abrir os olhos, já tenha tudo o que precisa para fazer seu registro. Se preferir anotar no computador ou celular, deixe tudo pronto. Pessoalmente, prefiro fazer esse exercício à moda antiga (no papel) para deixar as palavras fluírem, sem o barulho das teclas ou qualquer outra distração. No entanto, escolha o meio que fizer mais sentido para você.

Você pode acessar o vídeo com a meditação guiada que preparei por meio do QRCode ou do link a seguir.

Fique tranquilo que não sei fazer hipnose ou qualquer método que o impeça de acessar sua consciência. O objetivo da meditação é você relaxar e permitir que sua imaginação flua.

O que vou pedir nessa atividade?

- Relaxar cada parte do corpo, da cabeça até os pés.
- Contar sua respiração algumas vezes. Assim, você poderá se manter bem presente.
- Imaginar-se bem velhinho, lá no final da sua vida, resgatando tudo o que terá vivido até lá.
- Vivenciar as imagens com os cinco sentidos: imaginar cores, ouvir sons, sentir toques, cheiros e sabores.
- Deixar sua mente fluir sem se preocupar em ver ou sentir algo específico.
- Quando sentir que relembrou tudo que foi mais importante para você, escolher três cenas bem significativas.
- Abrir os olhos e descrever esses três momentos no espaço a seguir.

Boa viagem para você!

Meditação Guiada Carol Shinoda

https://youtu.be/CZCkOKf6Stg

Descreva a seguir os três momentos que escolheu na sua meditação:

Agora, com calma, escreva a seguir o seu obituário, lembrando que quem vai ditar essas palavras será aquela pessoa que escolheu anteriormente. Coloque-se no lugar dela e comente o que essa pessoa diria sobre quem você foi, que conquistas pessoais e profissionais teve, o que deixou para as pessoas durante sua vida.

Obituário de: _____

Escrito por: _____

Esse exercício não é simples. Costuma mexer bastante conosco. É um olhar para a essência do que somos e de onde queremos chegar. Às vezes bate uma profunda tristeza por não estarmos tão perto de construir esse legado que queremos. Às vezes nos emociona saber que já começamos a deixar algo positivo (um exemplo, um começo de projeto) e que podemos trabalhar no tempo que nos resta para completar nossa obra. Não se cobre além da conta. Tudo o que viveu é válido para construir bagagem de vida e para reunir vontade para mudar o que precisa.

Pode ser importante buscar seu companheiro de jornada e compartilhar o que vivenciou nesta atividade. Não precisa obrigatoriamente ler seu obituário. O obituário é o nosso momento de glória, em que "nos achamos o máximo" mesmo. Procure dividir com ele o que sentiu, o que mexeu com você. E se mexer demais com você por algum motivo, procure ajuda profissional. Um psicólogo pode ajudar a lidar com aspectos mais profundos, pontos doloridos que sozinho se sinta com dificuldade de compreender e superar. Não precisa viver tudo sozinho. ;)

DICA 11
Lembrar que a vida é finita nos faz pensar sobre o que queremos fazer enquanto estamos vivos

Atividade 8 - Aprendizados: quem você é?

Uau! Quanta coisa você já trabalhou. É um "trabalho de alma", pela profundidade desse tipo de análise. Parabéns por ter chegado até aqui.

Neste momento, quero pedir para reunir tudo o que já sabe sobre você. Quais são seus talentos, qualidades, desafios, paixões, valores, personalidade, legado que quer deixar? Procure chegar na essência de quem você é.

Então, depois de todo o trabalho que teve até aqui, responda:

Quem é você?

Conectando-se com sua resposta, busque uma música que goste, feche os olhos e imagine um desenho que represente quem você é. Pode ser concreto ou abstrato, mas que o conecte com a imagem que tem de você mesmo.

Represente esse desenho aqui:

Parabéns por ter realizado essa etapa de autoconhecimento da sua jornada!

Atividade 9 - Integrando seus aprendizados de Autoconhecimento no Canvas

A esta altura você já tem alguns dos elementos do seu Canvas de Propósito!

O espaço do "Meu motivo" pode começar a ser rascunhado. O seu motivo é a razão pela qual quer fazer o seu Propósito acontecer. Aí você pode dizer: "mas eu ainda não sei qual é o meu Propósito, então como vou preencher essa caixinha?". Não fique preocupado em preenchê-la de forma definitiva. Você pode começar a escrever sobre o porquê quer que aquelas palavras que registrou no seu obituário se tornem realidade. Pode escrever também sobre o que aconteceu na sua História de Vida que o impulsionou a querer fazer algo bom para os outros.

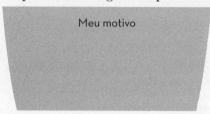

O espaço das "Minhas principais forças" já pode ser recheado com as qualidades que descobriu em você a partir da sua História de Vida, com as caraterísticas positivas que notou ao identificar a sua personalidade, com os valores que percebeu em você e com as capacidades que as pessoas reconheceram em você.

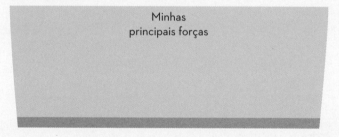

Os recursos internos e externos também podem ser preenchidos. Vale lembrar que os recursos são os "remos" do seu barco, que funcionam como impulsionadores para navegar em direção ao seu propósito.

Os recursos internos são suas crenças e valores, aspectos internos que o ajudam a ganhar força para seguir em frente ou fazer mudanças de trajeto quando necessário. As crenças podem ser representadas por ditos populares que têm sentido para você, do tipo "Deus ajuda a quem cedo madruga". Podem ser trazidas por frases tal como "Eu acredito que...." (por exemplo: "eu acredito que o ser humano pode sempre evoluir"). Já os valores podem ser resgatados da História de Vida (critérios que usou para tomar suas decisões) e da atividade de valores (âncoras de carreira e aspectos que admira nas pessoas). Exemplos de valores: honestidade, cuidado, liberdade, determinação.

Os recursos externos são pessoas, redes ou instituições que podem ser acessados por você para apoiá-lo no seu caminho. É importante deixar o mais explícito possível. Então procure escrever o nome das pessoas que considera recursos importantes para você. Não escreva apenas "família e amigos", pois identificar as pessoas específicas que você considera que podem lhe ajudar é um exercício de consciência importante.

Mais para frente vamos rever estas atividades para integrar as suas reflexões no seu Canvas de Propósito. No entanto, uma crença que tenho é: "não deixe para amanhã o que você pode fazer hoje". Quanto mais você já for registrando seus aprendizados ao longo do processo, mais tranquilo é integrá-los.

E agora que olhamos para nós, vamos mudar a direção da nossa análise e olhar para o outro. Preparado para a próxima etapa da sua caminhada?

Etapa 2 – Empatia: como olhar além de mim?

A porta da felicidade abre só para o exterior; quem a força em sentido contrário acaba por fechá-la ainda mais.
– Søren Kierkegaard

Entender quem somos é fundamental para identificar o que é significativo para nós e quais qualidades temos para oferecer. Agora vamos deixar de ficar "ensimesmados" (focados apenas em nós mesmos) e dar um passo importante na direção do mundo além de nós. ;)

Já sabemos que o Propósito de Vida precisa que nos voltemos para algo ou alguém que não apenas nós mesmos. Assim, é importante observarmos o mundo para entendermos com o que nos interessa contribuir. É uma relação paradoxal, pois quando fazemos algo positivo para o outro, nós nos sentimos felizes. No final das contas, a gente mesmo se beneficia! No entanto, a satisfação de fazer algo só para si é muito diferente em termos de intensidade e de duração do que fazer algo que beneficie outras pessoas.

Uma pesquisa feita nos Estados Unidos mediu o nível de felicidade quando as pessoas recebiam 20 dólares para gastar somente com elas e fez a comparação com a situação em que eles tinham que usar esse mesmo valor para comprar um presente para outra pessoa (um almoço para um amigo, doar para uma instituição de caridade etc.).[13] Imagine quem se mostrou mais feliz?

Para nos conectarmos com as necessidades além de nós, precisamos desenvolver nossa Empatia.

É comum ouvirmos que Empatia é "se colocar nos sapatos do outro". Eu não acho que isso seja completamente possível. Afinal, cada um tem o seu próprio pé (piadinha infame!) e não é humanamente possível experimentar exatamente a mesma sensação que a outra pessoa. Cada um tem a sua própria vivência, valores, percepções, sensibilidade. Então, mesmo duas pessoas que vivenciaram a mesma situação (ter um filho, por exemplo) vão sentir coisas diferentes a partir do mesmo fato.

Porém, é possível sim nos aproximarmos do que a outra pessoa está sentindo, por meio da imaginação. Roman Krznaric, historiador, fundador de uma escola muito especial chamada "The School of Life",[14] baseia-se em Baron-Cohen e Gordon para definir Empatia:

> *"Empatia é a arte de se colocar no lugar do outro por meio da imaginação, compreendendo seus sentimentos e perspectivas e usando essa compreensão para guiar as próprias ações."*[15]

13. ACHOR, S. *O jeito Harvard de ser feliz*: o curso mais concorrido de uma das melhores universidades do mundo. São Paulo: Saraiva, 2012. p. 64.
14. Há uma unidade em São Paulo na Vila Madalena e cursos on-line em português.
15. KRZNARIC, R. *O poder da empatia*: a arte de se colocar no lugar do outro para transformar o mundo. Rio de Janeiro: Zahar, 2015.

Acho que a imaginação é a chave para começarmos esse processo empático. Se eu lhe dissesse: "imagine agora um lugar tranquilo e relaxante... com uma música que lhe traga paz e harmonia..." e você de fato imaginar essa cena, consegue perceber como já sai de você para ir para outro universo? Quando imaginamos, saímos de nós mesmos, ainda que seja sempre *a partir* de nós.

E a compreensão parece ser o próximo passo para a empatia, pois possibilita uma perspectiva inclusiva, aberta, amorosa com o outro, mesmo que ele seja diferente de nós. Pense nas vezes que você disse "eu compreendo". Geralmente são momentos em que não faríamos exatamente o que a outra pessoa fez ou não perceberíamos da mesma forma que ela, mas conseguimos entender a perspectiva dela.

É importante reconhecer que existem tipos diferentes de empatia. Segundo Paul Ekman, especialista em emoções humanas, há três tipos de empatia:

1) **Empatia cognitiva:** nos ajuda a entender, de forma assertiva, a forma de pensar de uma pessoa. Não há uma tentativa de conexão emocional, apenas um entendimento da forma que o outro funciona.

2) **Empatia emocional:** além do entendimento da forma de pensar, nós sentimos (quase de forma física) as emoções das outras pessoas, como se esses sentimentos fossem contagiosos.

3) **Empatia compassiva:** nós não somente entendemos e sentimos, mas agimos, ajudamos, fazemos algo na prática.

Podemos usar a empatia cognitiva para uma negociação, por exemplo, tentando imaginar como a outra pessoa pensa para conseguir melhores vantagens para nós. Já a empatia emocional inclui *sentir com o outro*. E, finalmente, a empatia compassiva nos impulsiona a agir para ajudar a outra pessoa. É dela que precisamos para o nosso Propósito! ;)

Vale diferenciar também empatia de simpatia. Há um vídeo que gosto muito, narrado pela Brené Brown, que mostra a diferença entre esses conceitos. Recomendo que assista ao vídeo e reflita sobre as perguntas do quadro a seguir.

Desenvolvendo o seu propósito em 5 etapas **157**

VÍDEO: "O PODER DA EMPATIA"

https://bit.ly/3kkM0BZ

- Das quatro qualidades da empatia, quais você tem bem desenvolvidas?
- Quando começamos uma frase com "Pelo menos..." ("*at least*") estamos sendo simpáticos ou empáticos?
- Qual é o benefício da simpatia? E qual é a sua limitação?
- Como é para você estar nesse lugar da empatia? Há alguma dificuldade? O que existe em você que favorece adotar uma postura empática?

Caso você não consiga assistir ao vídeo nesse momento, vou fazer um resumo. A pessoa **simpática** tenta melhorar as coisas, mostrar o lado "luz" mesmo em uma situação ruim. É aquela pessoa que dá conselhos, que diz a você que "poderia ser ainda pior" ou que há até uma vantagem em estar na situação aparentemente difícil em que você está. Já a pessoa **empática** se coloca ao seu lado, sente com você, buscando dentro dela algo que se aproxime do que talvez você esteja sentindo. Às vezes nem tem nada a dizer, talvez apenas um "sinto muito por você estar vivendo isso, estou aqui com você".

Todos nós podemos ser tanto simpáticos quanto empáticos. E há pontos positivos em cada uma das posturas. Não é com todo mundo que faz sentido nos envolvermos emocionalmente, procurando sentir junto com a pessoa. Pode ser uma situação profissional, em que não

158 Propósito de vida: um guia prático para desenvolver o seu

somos próximos e só temos que rapidamente acolher alguém que não parece muito bem e seguir em frente. No entanto, vejo que há muitas situações em que a empatia poderia ser colocada em prática (inclusive em situações do trabalho), humanizando as relações.

Às vezes, a empatia é demonstrada no silêncio. É aquele segundo em que você ouve a situação de uma pessoa e, em silêncio, apenas sente com ela. É aquele sorriso acolhedor, sem palavras. Um olhar de amor, sem pena do outro. É estar ali, presente, ao lado, sem tentar achar uma solução para o que o outro está vivendo.

Por não sermos muito treinados para exercer a empatia, tentamos encher esses momentos difíceis com palavras, conselhos, perguntas, exemplos de outras pessoas, com a intenção de fazer o outro se sentir melhor. No entanto, como diz a Brené Brown no vídeo: "dificilmente uma resposta melhora alguma coisa".

Um ponto importante é que a empatia está presente em todos nós. Segundo Krznaric, "a capacidade de empatizar é um dos maiores talentos ocultos que quase todo ser humano possui".[16] Com raras exceções de pessoas com psicopatia ou com distúrbios do espectro do autismo (síndrome de Asperger, por exemplo), a empatia está ali pronta para ser acionada.

Então vamos promover essa nossa capacidade de conexão?

Atividade 1 - Entrevista empática

Nossa primeira atividade será fazer uma entrevista empática!

Vou pedir para você escolher alguém que admire e com quem tenha contato. Pode ser um amigo, alguém da sua família, um professor. O importante é que você tenha interesse em conhecer mais sobre essa pessoa e se conectar com ela. Escreva a seguir quem é essa pessoa:

Pessoa escolhida: _____

Antes de entrar em contato com ela, quero propor que faça um exercício imaginativo...

---

16. KRZNARIC, 2015, p.16.

Tente adivinhar as respostas que ela vai dar para as perguntas a seguir:

- Como foi a história de vida dela?
- Quais pessoas foram importantes para ela?
- Quais foram as suas maiores realizações?
- Quais foram os momentos mais difíceis para ela?
- O que você acha que mais importa na vida para essa pessoa?
- Qual é o legado que ela quer deixar?

Muito bem. Você já tinha parado para pensar nessa pessoa dessa forma antes deste exercício? Teve algo que passou a compreender melhor sobre essa pessoa? Vai tomar alguma atitude diferente a partir disso?

Eu escolhi meus pais para esse exercício imaginativo. E imagino que para ambos, de diferentes formas, quem eu sou e as ações que faço têm muito impacto para eles. Para a minha mãe, estar com ela, tomar o café que ela prepara é o que mais importa. Para o meu pai, a convivência diária também é importante, mas saber que eu tenho os meios (especialmente financeiros) para viver bem é algo muito relevante. Acho que ele precisa ter essa tranquilidade de que eu e minha irmã temos como viver bem mesmo depois que ele se for.

Ao imaginar o que é importante para eles, começo a querer desenvolver ações diferentes a partir dessa nossa conexão. Lembra da empatia compassiva do Paul Eckman?

Conectar-me com eles, ainda que inicialmente de forma imaginária (sem validar com eles meus pensamentos), faz com que eu dê mais importância para passar na casa deles e tomar um café durante a semana corrida. E me dá um incentivo para compartilhar com meu pai cada projeto que eu realizei, quanto ganhei e quais os resultados dos investimentos que fiz.

Vou até dar uma passada lá depois desse exercício! :)

E agora, quero convidá-lo a de fato fazer essa entrevista empática. Explique para a pessoa que escolheu entrevistar o contexto dessa atividade. Não conte para ela inicialmente o que você imaginou que ela diria, pois isso pode acabar influenciando o exercício. Algumas pessoas tendem a querer não o decepcionar e acabam ajustando a história delas para se aproximar da sua versão. Depois da atividade, você pode contar que também fez esse exercício e discutir as diferenças de percepção entre vocês.

Sugiro o roteiro a seguir para a sua entrevista. Fique à vontade para adicionar questões que você tem interesse em descobrir ou checar sobre a pessoa. E se precisar ajustar a linguagem, para facilitar o entendimento, faça essa adaptação. Só recomendo que não fique explicando cada pergunta. Pergunte diretamente e dê espaço para ela responder e pedir esclarecimento (se ela precisar). O foco é nela.

- Como foi a sua história de vida até aqui?
- Quais foram as pessoas mais importantes para você?
- Quais foram as suas maiores realizações?
- Quais qualidades você desenvolveu com essas realizações?
- Quais foram os momentos mais difíceis que viveu?
- Quais foram os aprendizados a partir desses momentos?
- O que importa na vida para você?
- Qual é o legado que você quer deixar?

Wow. Espero que tenha sido incrível essa atividade para você!

Como foi fazer essa entrevista? O que você imaginava antes e o que a pessoa lhe contou foi igual? Você continua a enxergando da mesma forma como a via antes? O que aprendeu com essa atividade? E, em especial, reflita se esse exercício o motivou a tomar alguma ação diferente em relação à pessoa.

DICA 12
*Dedique tempo a fazer perguntas
para conhecer as pessoas*

Atividade 2 – A personalidade do seu oposto

Lembra da atividade da personalidade baseada no MBTI? (páginas 117-122). Você identificou uma pessoa que era oposta a você em cada uma das "letrinhas" (ESFJ, por exemplo). Se você é extrovertido, apontou alguém introvertido como seu oposto. Se você é observação, indicou uma pessoa que parece ser intuição.

Agora é o momento de olharmos para isso, com empatia!

Muito bem. Vamos passo a passo.

Sabemos que todas as características têm em si luz e sombra. O planejamento, por exemplo, é uma caraterística que pode ajudar a estruturar nossos projetos e fazê-los acontecer. Por outro lado, pode trazer certo rigor para rever planos quando necessário.

Quando olhamos para a personalidade oposta à nossa, é natural que a sua luz seja a sombra do outro e a luz do outro, por sua vez, seja a sua sombra. Ver a nossa sombra refletida na luz do outro não costuma ser uma sensação muito agradável, mas nos humaniza, pois percebemos que não podemos ser perfeitos. E traz uma humildade em reconhecer que às vezes precisamos de complemento, da forma de ser diferente que o outro traz.

Do contraste nasce a consciência
– Profa Lucia Helena Galvão

Está pronto para olhar para o seu oposto?

Se você é extrovertido (E), qual é a dificuldade que sente ao lidar com uma pessoa introvertida (I)? Talvez você se sinta sozinho, ansioso ao ter que esperar a pessoa lhe dar uma resposta em uma discussão, irritado por ela ficar na "bolha" dela e não compartilhar o que ela está pensando ou sentindo com você. Por outro lado, se você permitir que ela tenha o espaço dela para refletir e lhe fizer o pedido para que compartilhe o que pensou, ela pode trazer aspectos maravilhosos para considerar, pois consegue mergulhar fundo e analisar com muita profundidade as situações. Convenhamos que para um extrovertido, a resposta vem logo de cara, mas nem sempre de forma pensada, analisada, combinada com diversos fatores.

Se você é introvertido, ao lidar com uma pessoa extrovertida, é possível que se sinta sem espaço para falar, pressionado a compartilhar o que está pensando, sendo que você ainda está pensando! Posso terminar de pensar e depois falar? Obrigado. Porém... pode ser que a pessoa extrovertida o incentive a trazer para fora seus pensamentos e o ajude a perceber que algumas coisas estão um pouco distantes da realidade. Sabe quando você cria todo um universo de possibilidades a partir de um problema, quando na verdade talvez só precise ir lá conversar com a outra pessoa e esclarecer se ela quis mesmo dizer aquilo? E o extrovertido pode ajudá-lo a se movimentar para a ação, a ir experimentar na prática.

Agora, se você é do tipo Observação (S, de *Sensation*), pode se irritar com a maneira conceitual e abstrata do Intuição (N, de *iNtuition*). Ele está lá no futuro, no "mundo da lua" e você no aqui e agora com coisas práticas para solucionar! Você fala "então, tá, vamos fazer isso assim" e ele lhe diz: "E se...". Nunca vamos entregar esse trabalho! Você quer resolver um problema consultando um especialista, que já sabe o que deu certo e o que não deu, mas seu amigo Intuição quer inventar uma nova forma de resolver, nunca pensada na face da Terra. No entanto, seu oposto pode ajudar você a sair desse plano concreto e convidá-lo a inspirar, oxigenar seu cérebro com novas ideias, que podem ser muito mais interessantes do que as que você já tinha no seu catálogo pré-definido. Pode ajudá-lo a usar seu lado criativo, que tinha deixado desligado.

Se você é do tipo Intuição, pode se sentir um pouco limitado pelo seu oposto, o Observação. Ele se apega às palavras que você escreveu, quando não era o sentido do que quis dizer! Ele quer fechar a discussão e pegar a primeira ideia para resolver o que precisam, mas você só começou a criar as possibilidades para resolverem aquilo. Vamos "abrir a cabeça" antes de já fechar a decisão final, *please*! Por outro lado, a pessoa do tipo Observação puxa você para as necessidades do presente, o ajuda a entregar no prazo, traz você para a Terra e mostra que a praticidade pode ser tão importante quanto a criatividade.

Ah... agora vamos para a diferença do Pensamento (T, de *Thinking*) e Sentimento (F, de *Feeling*).

Se você é Sentimento, pode achar seu amigo Pensamento uma pessoa fria, sem coração. Você preocupado com as pessoas e em como elas irão se sentir em determinada situação, e ele olhando as pessoas apenas como parte de uma situação, que tem inúmeros outros elementos. Ele responde suas mensagens sem nenhum emoji! Tão direto... Porém, talvez ele ofereça as melhores ideias para resolver seus problemas, olhe a situação de uma perspectiva maior, considerando as pessoas, mas não "só" as pessoas. Ele talvez cuide de você com o cérebro e tenha dificuldade de dar colo e ser "fofinho", pois não é o que ele tem de melhor. Ele é prático, não se perde nas emoções, nem fica preocupado se a pessoa não vai gostar dele depois que falar o que precisa ser dito.

Se você é Pensamento, pode ter aquela tendência a revirar os olhos para cima cada vez que aquele mar de emoções é apresentado pelo seu amigo Sentimento. Ele fica lá, todo preocupado com como as pessoas vão se sentir na situação, querendo agradar todo mundo. E você sabe que é óbvio que não vai dar para agradar a todos. Nem adianta perder tempo tentando. Ele vai responder sua mensagem de WhatsApp de uma linha com uns cinco áudios que mais parecem *podcasts* de tão grandes, seguidos por quinze emojis diferentes. Muito bem. Apesar de toda essa emoção, seu amigo Sentimento mostra a importância de você olhar para as pessoas. Talvez seja o fator mais importante em alguns casos, mais do que os demais 29 fatores que você elencou. Ele ajuda você a ter empatia, a se sensibilizar para como a outra pessoa pode se sentir a partir de suas falas e atitudes. Mostra que dizer que você entende como o outro pode estar se sentindo pode ajudar muito em alguns casos e o excesso de praticidade pode deixar o outro sem entender completamente os motivos das suas decisões.

Agora vamos para a polaridade do Julgamento (J) e Exploração (P, do inglês *Perception*). Se você é do tipo Julgamento, pode se incomodar com a mudança constante do seu amigo do tipo Exploração. Planejamos uma coisa e ele facilmente abre mão de todos os "combinados" só porque uma pequena coisa mudou em relação ao que tínhamos imaginado. Você o ajuda a planejar os próximos passos de carreira dele, desenha um plano de ação com metas, prazos e responsáveis. Na semana seguinte, ele já mudou tudo. Ai, que perda de tempo! Ele não quer seguir as regras, acha que elas foram feitas para serem quebradas. Nãooo! As regras são feitas para serem se-gui-das! No entanto... a pessoa P se adapta a mudanças, está aberta a rever o que deixar de ter sentido. E talvez você fique lá abraçado ao seu plano, mesmo que todas as condições ao redor tenham mudado e o plano não tiver mais sentido.

Se você é do tipo Exploração e tem um amigo do tipo Julgamento: ele não sai do quadrado! Adora uma lista, um cronograma, um plano de ação. Ai, que chato... Quero ser livre, ver o que faz sentido fazer a cada dia e não ficar amarrado a estes planos todos. Vamos viajar juntos e lá está ele com a lista de itens a serem levados, já dividida para cada um. Mas...

talvez ele possa ajudar a estruturar as ações, dar forma, tornar mais executável. Enquanto você está lá todo pronto para surfar, mas nem preparou a mala, ele já checou onde estão as melhores ondas naquele final de semana e reservou as pranchas para vocês. Ele pode ajudar você a realizar.

Finalmente, temos a diferença entre o Assertivo (-A) e o Cauteloso (-T, de *Turbulent*), que é a lente pela qual vocês veem o mundo. Se você é Assertivo, está lá na sua santa paz e seu amigo Cauteloso chega com os "olhões" de quem acha que o mundo está para acabar. Você nem vê algo como um problema, mas ele já enxerga o caos se formando. Ele tem um olhar pessimista, parece que já acha que tudo vai dar errado. É a tensão em pessoa. Porém, seu amigo consegue identificar um problema que pode parecer pequeno no início, mas tem um potencial de se intensificar. Ele tem senso de urgência e se adianta às necessidades. A terra começou a tremer, ele já o empurrou para um lugar seguro com todos os itens de alimentação pelos próximos cinco dias. E você nem imaginou que poderia ser um terremoto. Sabe aquele amigo que "bota lenha na fogueira" e permite que você se adiante e cuide para evitar uma situação ruim? É seu amigo Cauteloso.

Se você é do tipo Cauteloso, pode se irritar com a visão do Assertivo. Ele não percebe que o risco está se aproximando? É tão óbvio! E ele ali, sem nem se mexer, todo feliz e relaxado. Tenho que empurrá-lo para começar a se mexer e se antecipar ao caos. E essa serenidade até dá uma "invejinha"... Dizem mesmo que Deus protege os distraídos... só pode ser isso. Entretanto, bem que é gostoso quando você traz uma situação que parece o próximo tsunami na Terra e ele lhe diz que é apenas uma "marolinha". Traz uma paz... você sabe que não é uma marolinha, mas talvez o tamanho real esteja ali no meio entre as duas visões de vocês. Ele o ajuda a não perder tanta energia se precavendo e sofrendo por antecipação. Vai dar tudo certo, você sempre resolveu seus problemas. Vai resolver dessa vez também.

Não sei como você vê todas essas diferenças, mas eu confesso que acho muito bonito como as pessoas podem ser diferentes. O conhecimento das diferentes personalidades me ajuda a compreender o outro e ter empatia. Além disso, me estimula a desenvolver meu lado oposto,

Desenvolvendo o seu propósito em 5 etapas **167**

pois não é porque eu sou "Extrovertida" que não sou capaz de me retirar da multidão e refletir profundamente. E assim por diante.

E então? Valeu a pena ter feito essa análise da personalidade oposta?

Comente o que se deu conta ao analisar seus amigos opostos:

....
DICA 13
Nossos opostos têm muito a nos ensinar
sobre nós mesmos
....

Atividade 3 - Troca de cadeiras

Agora vamos subir o nível de dificuldade....

Ter empatia com quem gostamos é um passo, mas ter empatia com quem temos dificuldade de relacionamento é outro passo. Topa esse desafio nível 2?

Pense em uma pessoa que o incomoda. Pode ser alguém que o machucou e que você ainda guarda mágoas. Alguém que o irrita, tira você do eixo ou simplesmente que o incomoda.

Vamos fazer uma atividade de "troca de cadeiras". Então escreva o nome da pessoa a seguir (e guarde esse livro longe dos olhos dela. Rs!).

Pessoa com quem vou trocar de cadeira: _____

Como vamos fazer isso? Você vai precisar de duas cadeiras e duas folhas de papel. É importante estar em um espaço reservado em que você possa falar em voz alta.

168 Propósito de vida: um guia prático para desenvolver o seu

Em uma das folhas, vai escrever o seu nome e colocar sobre uma das cadeiras. Na outra folha, vai escrever o nome dessa pessoa e colocar em cima da outra cadeira. Ok! Então temos duas cadeiras com uma folha de papel indicando o nome de cada pessoa.

Passo 1 – Sente-se na sua cadeira (segure a folha de papel para não se sentar em cima dela) e coloque a cadeira dessa pessoa de frente para você. Fale em voz alta as suas reflexões sobre as seguintes perguntas:

- Quais incômodos você gostaria de compartilhar com ela? (compartilhe como você se sente)
- O que ela faz que o incomoda? (pode ser no passado: o que ela fez que o incomodou)
- Qual pedido você gostaria de fazer a ela?

Depois, registre os pontos mais importantes a seguir.

Passo 2 – Mude de cadeira e sente na cadeira da pessoa (segure o papel com o nome dela). Deixe o papel com o seu nome na cadeira em que você estava sentado antes e que agora está na sua frente. Imagine que você é essa pessoa agora. Incorpore-a empaticamente, se conecte com ela e com sua história.

- Quais incômodos ela tem em relação a você? (quais sentimentos ela tem em relação a você)
- O que você faz que a incomoda? (pode ser no passado: o que você fez que a incomodou)
- Qual pedido ela gostaria de fazer a você?

Desenvolvendo o seu propósito em 5 etapas   **169**

Em seguida, registre os pontos mais relevantes.

Como foi essa atividade para você?

Confesso que me doeu muito me colocar no lugar dessa pessoa. Percebi que eu estava apontando o dedo para ela, mas ignorando como a minha postura poderia fazê-la se sentir. Uma dificuldade no relacionamento dificilmente é causada por um único lado. É a relação de um com o outro. E quando mudamos algo nessa mistura, o outro acaba sentindo e mudando algo também.

Quando conseguimos conversar claramente sobre esses pontos com o outro, abre espaço para aproximarmos nossa "imaginação" da realidade. É bem possível que uma parte do que você imaginou que o outro pensa e sente seja "verdade" para ele, mas é bem possível que parte disso seja só a sua imaginação. Esse exercício parte de nós. A conversa permite que a realidade do outro seja apresentada. Normalmente nos surpreendemos ao ouvir a perspectiva da outra pessoa.

Se você quiser ir para o nível três da atividade (esse é punk!!), convide essa pessoa para uma conversa. Aqui é importante que vá com a cabeça e o coração abertos para ouvir o que ela tem a dizer, pois é bem possível que você não saiba muita coisa sobre como ela o enxerga e as dificuldades de relacionamento de vocês. E pode ser que a outra pessoa não queira conversar e nem ouvi-lo, ou até tope a conversa, mas não demonstre muita maturidade para ouvir o seu lado ou mesmo lidar com os sentimentos dela.

Se quiser dar uma esticada nesse exercício, mas não chegar ao ponto de conversar com a pessoa, a minha sugestão é que escreva uma carta para ela (não precisa entregar). Isso pode ajudá-lo a ver as coisas com mais clareza e não se perder nos próprios pensamentos e sentimentos. Há pessoas que fazem um ritual de ler a carta e em seguida queimá-la, como forma de "deixar ir" os ressentimentos e compreender que aquilo foi transformado em compreensão.

Se for encarar discutir a relação, convido você a conhecer antes um pouco sobre a Comunicação Não-Violenta (CNV). É uma técnica maravilhosa para aproximar relações e foi criada pelo psicólogo Marshall Rosenberg. Veja o quadro da psicóloga e facilitadora de formações sobre CNV Raylla Pereira de Andrade sobre essa técnica que permite que reconheçamos as diferentes necessidades do outro.

A COMUNICAÇÃO NÃO-VIOLENTA

Raylla Pereira de Andrade

A Comunicação Não-Violenta (CNV) pode ser definida como um jeito de compreender o ser humano e suas motivações mais profundas, seus sentimentos e formas de lidar com eles, bem como o que está por trás deles, que são as necessidades humanas universais.

Alguns exemplos de necessidades humanas são: sustento, segurança, amor, empatia, descontração, comunidade/pertencimento, criatividade, autonomia/liberdade, sentido, equilíbrio/reciprocidade e contribuição, dentre outras.

Podemos notar que quando temos necessidades atendidas experimentamos sentimentos confortáveis e temos vontade de celebrar, e quando elas ficam desatendidas temos sentimentos desconfortáveis, que nos causam dor e pedem por ação na tentativa de atendê-las. Tais necessidades são aqueles valores atemporais (ex. valorização) e não os desejos passageiros ou estratégias que podemos ter para preencher alguma necessidade (ex. querer elogio de um colega de trabalho).

A CNV é um conjunto de princípios filosóficos e práticas concretas que contribuem para a criação de melhores relações intrapessoais, interpessoais e sistêmicas através de diálogos de alta qualidade e com base em 2 pilares: autenticidade e empatia, ou seja, disposição para se mostrar verdadeiramente/se vulnerabilizar para se fazer compreendido e interesse genuíno em compreender o outro.

De forma didática, podemos dizer que a autenticidade tem 4 elementos centrais:

Desenvolvendo o seu propósito em 5 etapas **171**

1. **Falar os fatos/as observações concretas do que aconteceu** (não misturar com interpretações ou inferências).
2. **Contar, em primeira pessoa, meus sentimentos diante do ocorrido**, assumindo responsabilidade por eles e sabendo que foram despertados por minhas expectativas.
3. **Expressar minhas necessidades envolvidas na situação**, o que eu esperava.
4. **Fazer um pedido ou propor um combinado** de como podemos lidar com a situação.

E podemos dizer que a empatia tem 2 elementos centrais:

• Os sentimentos do outro (como ele está se sentindo ou sentiu na situação?)
• As necessidades do outro (o que ele tanto precisava ou precisa?)

Para vivermos os princípios da CNV no dia a dia, somos convidados a uma mudança de postura diante da vida, substituindo cada vez mais os julgamentos, os estereótipos e as visões de certo e errado ou inocente e culpado, por uma real vontade de compreender o que se passa comigo e com o outro, mesmo numa situação de conflito, para depois de termos essa compreensão mútua, podermos dialogar e cocriar soluções criativas e sustentáveis para todos os envolvidos.

Alguns benefícios da CNV são:

• Desenvolvimento da habilidade de escuta empática de forma a abrir-se ao diálogo com curiosidade (o que o outro está sentindo e precisando agora?).
• Autogerenciamento em situações com emoções fortes (o que estou sentindo e precisando agora?) e segurança e protagonismo na ação (como escolho agir agora ao invés de reagir?).
• Criação de um clima de cooperação e aproveitamento das diferenças para um resultado melhor, que leve em consideração as necessidades de todos (Ganha-Ganha), gerando maior humanização nas relações e melhores resultados.
• Mais habilidade para fazer combinados claros e efetivos, zelando pelos limites de cada um e expressando o "não" quando importante.

Que tal pesquisar mais sobre o tema?

Sugestão de livro: ROSENBERG, M. *Comunicação não-violenta*: técnicas para aprimorar relacionamentos pessoais e profissionais. São Paulo: Ágora, 2006.

Atividade 4 – Necessidades do Mundo

Vamos ampliar um pouco o olhar para além das relações mais próximas (sejam elas mais fáceis ou mais difíceis) e reconhecer as necessidades do mundo. O mundo precisa de muitas coisas, mas nem todas nos interessam ajudar a resolver.

Imagine que você recebeu uma herança de um tio muito rico e ele deixou no testamento que para usar o dinheiro, precisaria antes destinar 10% do valor para uma causa. Para qual causa você doaria?[17]

Há muitas causas que nos tocam, mas na correria do dia a dia nem sempre tomamos consciência delas. Para ajudá-lo a identificar as necessidades do mundo que o chamam, compartilho os objetivos de desenvolvimento sustentável da ONU.[18]

Assinale a seguir os três objetivos que você mais gostaria de ver atingidos:

---

17. Baseado em uma atividade do livro de Clark, 2013, p. 144.
18. ONU. *Os Objetivos de Desenvolvimento Sustentável no Brasil*. Disponível em: https://brasil.un.org/pt-br/sdgs. Acesso em: 12 jul. 2021.

1. Acabar com a pobreza em todas as suas formas, em todos os lugares.
2. Acabar com a fome, alcançar a segurança alimentar e melhoria da nutrição e promover a agricultura sustentável.
3. Assegurar uma vida saudável e promover o bem-estar para todos, em todas as idades.
4. Assegurar a educação inclusiva e equitativa e de qualidade, e promover oportunidades de aprendizagem ao longo da vida para todos.
5. Alcançar a igualdade de gênero e empoderar todas as mulheres e meninas.
6. Assegurar a disponibilidade e gestão sustentável da água e saneamento para todos.
7. Assegurar o acesso confiável, sustentável, moderno e a preço acessível à energia para todos.
8. Promover o crescimento econômico sustentado, inclusivo e sustentável, emprego pleno e produtivo e trabalho decente para todos.
9. Construir infraestruturas resilientes, promover a industrialização inclusiva e sustentável e fomentar a inovação.
10. Reduzir a desigualdade dentro dos países e entre eles.
11. Tornar as cidades e os assentamentos humanos inclusivos, seguros, resilientes e sustentáveis.
12. Assegurar padrões de produção e de consumo sustentáveis.
13. Tomar medidas urgentes para combater a mudança do clima e seus impactos.
14. Conservar e usar de forma sustentável os oceanos, os mares e os recursos marinhos para o desenvolvimento sustentável.
15. Proteger, recuperar e promover o uso sustentável dos ecossistemas terrestres, gerir de forma sustentável as florestas, combater a desertificação, deter e reverter a degradação da terra e deter a perda de biodiversidade.
16. Promover sociedades pacíficas e inclusivas para o desenvolvimento sustentável, proporcionar o acesso à justiça para todos e construir instituições eficazes, responsáveis e inclusivas em todos os níveis.
17. Fortalecer os meios de implementação e revitalizar a parceria global para o desenvolvimento sustentável.

Como foi fazer essa escolha?

Confesso que alguns dos objetivos não teriam passado pela minha cabeça antes de vê-los como objetivos sustentáveis da ONU. E acho que isso acontece porque vivo em uma espécie de "bolha social", não entrando em contato com muitas das dificuldades presentes no nosso mundo. Alguns objetivos, como a fome, a educação inclusiva e de qualidade e o crescimento econômico sustentável, estão muito mais próximos das minhas preocupações.

Pode ser que nada tenha chamado a sua atenção. Se isso aconteceu, é importante fazer o esforço de se conectar mais com o mundo. Reserve um momento para ler notícias com essa intencionalidade de encontrar problemas que mexem com você. Leia a sessão internacional com atenção e coração aberto. É natural que não seja tudo o que lhe interesse. No entanto, quando nos damos a oportunidade de entrar em contato com outras realidades e fazemos isso de coração aberto mesmo, acabamos nos mobilizando por algumas questões.

Lembro-me de ter assistido a um documentário chamado "O Sal da Terra", sobre o fotógrafo social Sebastião Salgado, e ficado em choque com tudo o que vivenciei por meio das fotos que ele capturou. Eram realidades completamente distantes da minha. Pessoas que precisam caminhar longas distâncias com suas famílias para tentar encontrar um lugar para se fixarem, sofrendo com fome, doenças, mortes de crianças no caminho. Pessoas que trabalham em atividades que nada se assemelham a organizações, indo desde aqueles em busca de riqueza na Serra Pelada até aqueles que explodem poços para retirar petróleo. Percebi a importância que a equidade social, a dignidade (direito à alimentação, saúde, moradia, segurança) e o respeito às diferenças têm para mim.

E me dei conta de que eu não fazia absolutamente nada para mudar o mundo. Até hoje ainda sinto que falta muito para eu sentir que faço algo relevante. Trabalho com educação e desenvolvimento humano. Sei que isso tem impacto positivo no mundo. No entanto, acho que eu posso fazer muito mais, por exemplo, estimulando a consciência social e a atuação política de meus alunos, amigos e familiares.

Como cidadãos impactamos o mundo por meio do nosso consumo, geração de resíduos, tratamento de cada pessoa à nossa volta, nossas decisões na hora de votar e as conversas que estabelecemos em nossos círculos sociais sobre essas escolhas. Somos parte de um mundo interconectado e fazemos diferença por meio de cada ato ou não-ação.

E voltando à questão das suas escolhas sobre os objetivos da ONU que mais gostaria de ver atingidos, pode ser que todos o mobilizem. Se for esse o seu caso, procure se conectar com sua história de vida. Quais deles têm mais a ver com sua trajetória? Pode ser que você já tenha sentido na pele a dificuldade de não ter acesso a alguns dos pontos propostos pela ONU. Pode ser que tenha tido abundância em alguns deles e não se conforme que inúmeras pessoas vivam sem um acesso mínimo a algo que você teve tanto. Procure se conectar não apenas do ponto de vista mental e cognitivo, mas emocional. Tem algumas causas que tocam mais o seu coração.

Essa escolha é importante para termos foco. Sei que algumas pessoas são muito humanas e todas as necessidades do mundo doem para elas. No entanto, não poderemos lutar todas as batalhas de uma única vez. Então vamos escolher nossos começos.

Pensando nesses aspectos que mais "doem no seu coração", que ações você poderia começar a fazer para apoiar estas causas?

E aqui não precisa pedir demissão e ir trabalhar em uma ONG voltada a essa causa, nem doar todo o seu dinheiro para um fundo social que ajude nesse objetivo. Podem ser pequenas ações. Começar a ter conversas com seus amigos e familiares sobre essas questões, ler uma vez por semana as notícias no jornal relacionadas a esses temas e fazer um *post* nas redes sociais compartilhando seus aprendizados, fazer uma pequena doação para uma ONG atuante na área, ir fazer uma ação voluntária. O importante é sair da cabeça e do coração e ir para a ação, mesmo que um pequeno movimento.

Ações que eu posso fazer para apoiar estas causas:

176 Propósito de vida: um guia prático para desenvolver o seu

Excelente! Agora é colocar na agenda para fazer acontecer na prática! ;)

·························

DICA 14
Dedique-se a entender as causas
que o mobilizam

·························

Atividade 5 - Dia a dia empático

A empatia precisa ser praticada para ser desenvolvida. Não basta fazer uma única entrevista empática e doar dinheiro uma vez por mês para uma entidade filantrópica para desenvolver essa qualidade de conexão. Precisamos incluir esse desenvolvimento no nosso dia a dia.

Eu não acredito muito nessa ideia de que naturalmente vou passar a incorporar mais isso na minha vida. Acho que quando já estamos "treinadinhos" isso começa mesmo a acontecer naturalmente, mas um treino inicial pode ser importante até adquirirmos essa musculatura.

E como fazer para desenvolver a empatia no dia a dia?

Um lembrete pode ajudar! Sabe aquele truque popular de trocar o relógio de pulso ou amarrar uma fitinha no dedo? Quem sabe passar uma semana usando um objeto diferente (um anel, pulseira, relógio, cor de camiseta) pode funcionar para você como esse lembrete?

A ideia é que cada vez que você reparar nesse objeto, pare e reflita sobre algo além de você. Pode ser que esteja tomando um café nesse momento. Então pode imaginar todas as pessoas que trabalharam para que esse café pudesse chegar até você. Desde as que trabalharam no plantio, na colheita, na embalagem, no transporte, na disponibilização na prateleira do supermercado, a pessoa do caixa... Pode ser que você esteja em um restaurante. Como será a história de vida de quem está atendendo a sua mesa? E das pessoas na mesa ao lado? Mesmo dentro de casa, imagine o que acontece dentro de cada apartamento, com cada vida... e qual é a história desse espaço em que vive? O que está guardado na memória de quem esteve aí antes de você chegar?

Desenvolvendo o seu propósito em 5 etapas

Pois é... a vida além de nós é muito rica para quem desenvolve os olhos para ver, os ouvidos para ouvir e o coração para sentir.

Para mim, o que "desperta" a empatia no dia a dia são os incômodos que sinto com as pessoas. Quando eu fico chateada com alguma coisa que alguém me disse, começo a tentar entender de onde veio aquela fala, em que contexto. Presto atenção nas coisas simples. Por exemplo, o meu porteiro não responde o meu "bom dia". Aí um dia fiquei pensando: se eu ficasse lá o dia todo e cada ser humano que passasse por mim e dissesse "bom dia", quantas vezes eu teria que responder? Affff. Eu continuo falando, dando um "oi" para ele, mas agora não ligo mais se ele não responder. E assim vamos ampliando nossa capacidade de empatia.

Você pode também definir um dia na semana para conscientemente ligar o "botão da empatia". Por exemplo, toda sexta-feira pode colocar um aviso na agenda escrito *Dia da empatia*. Isso pode ajudar você a se manter mais atento às pessoas à sua volta.

Ou cada vez que for a um restaurante ou café, pode olhar para a pessoa que o atender e imaginar como é a vida dela.

Depois dessas ideias, procure definir o que acha que pode combinar com você e ajudá-lo a praticar a sua empatia. Vamos à pergunta de reflexão:

Como você pode ampliar a sua capacidade empática no dia a dia?

DICA 15
Amplie sua capacidade empática no dia a dia

Atividade 6 - Juntando as peças

Nesse momento você já tem muitos elementos sobre seu Propósito de Vida. Está na hora de juntar as peças que tem com você.

Você já sabe:

- Qual é a sua história de vida e como se tornou quem você é hoje.
- Como é a sua personalidade, com as potencialidades e desafios que ela lhe oferece.
- Quais são seus valores pessoais e profissionais (exercício sobre qualidades das pessoas que você admira e âncoras de carreira).
- Quais são suas qualidades e desafios (tanto a partir da sua perspectiva quanto das pessoas que lhe deram *feedback*).
- Quais são as necessidades do mundo que lhe interessa contribuir.

Primeiro de tudo, parabéns por ter chegado até aqui. Celebre! Foi uma bela jornada de autoconhecimento e empatia.

Então vamos propor uma primeira versão do seu Propósito para depois irmos para a fase de teste (experimentação).

Quero convidá-lo a fazer essa proposição. Tenha confiança em você e no processo que o trouxe até aqui.

Vou pedir para você escrever a frase que o livro "Business Model You" nos orienta a fazer, incluindo possíveis causas (além de pessoas que são o foco do seu propósito) e suas principais qualidades e capacidades:

Quero _____ (VERBO) _____ (PESSOAS/
CAUSAS) por meio de _____ (ATIVIDADES)
com _____ (MINHAS QUALIDADES).

O primeiro espaço em branco a ser preenchido é o seu verbo. No livro "Comer, Rezar e Amar" de Elizabeth Gilbert, a autora conta que estava em busca do seu verbo. Ela passou um período na Itália e aprendeu a palavra em italiano *"attraversiamo"* (atravessemos/vamos atravessar). Percebeu que esse verbo tinha muita conexão com o momento em que estava vivendo, de ir em busca da sua felicidade, de definir um novo rumo para sua vida.

Nós podemos mudar nosso verbo de acordo com nosso momento de vida. Então não fique muito preocupado em encontrar "o verbo" da sua existência. Talvez isso só seja possível no último dia da sua vida, quando conectar todos os pontos da sua história. :) Então, qual é o seu verbo nesse momento? Qual é a intenção que você quer manifestar na sua vida?

Simon Sinek (autor do modelo do Golden Circle que já discutimos anteriormente) oferece um workshop sobre como encontrar o seu *why* ("porquê") e apresenta uma lista de verbos que chama de viscerais. Ele pede que os participantes escolham aqueles verbos que mais se conectam com eles. Vou compartilhar alguns desses verbos com você para que possa ampliar sua perspectiva:

Acelerar	Defender	Ilustrar	Promover
Agir	Desenvolver	Implementar	Realizar
Ajudar	Direcionar	Incorporar	Resolver
Alcançar	Encorajar	Influenciar	Reunir
Ampliar	Executar	Informar	Salvar
Avançar	Expandir	Inovar	Servir
Capacitar	Facilitar	Inspirar	Simplificar
Conectar	Fortalecer	Integrar	Suprir
Construir	Garantir	Inventar	Transformar
Criar	Gerar	Liderar	Treinar
Cuidar	Guiar	Melhorar	Unir
Cultivar	Iluminar	Preencher	Validar

No segundo espaço em branco da frase de Propósito você pode resgatar as causas que mais o mobilizam. Se nesse momento não se sentir conectado com uma causa dos objetivos sustentáveis da ONU, busque as pessoas que você tem interesse em cuidar. O propósito é direcionado a algo ou alguém além de você, então é importante se conectar com quem você quer servir.

O terceiro espaço é onde você descreve como vai começar a realizar essa ação (suas atividades) para essas pessoas. Se quero "cuidar" de "crianças abandonadas", como vou realizar isso? Será trabalhando em lares temporários? Será atuando politicamente para criação de políticas públicas? Aqui você pode incluir projetos (trabalhando em iniciativas de proteção das crianças abandonadas) ou funções (atuando como psicóloga, educadora e ativista).

E, finalmente, o quarto espaço é o lugar para você priorizar as suas melhores qualidades, aquelas que reconhece como pontos fortes "bem seus", que você e as pessoas à sua volta reconhecem como diferenciais. É aquilo que você agrega para o mundo.

O que costuma ajudar na redação dessa frase é escrever vários rascunhos de forma livre, sem a preocupação de ter a frase "perfeita". Utilize o espaço a seguir para suas primeiras versões do seu propósito:

Quero _____1_____ (VERBO) _____2_____ (PESSOAS/CAUSAS) por meio de _____3_____ (ATIVIDADES) com _____4_____ (MINHAS QUALIDADES).

Vou compartilhar alguns exemplos de declarações de Propósito que surgiram na minha pesquisa de doutorado:

"Eu quero proporcionar uma excelente vida para a minha família por meio de uma sólida carreira em RH e maestria no assunto com a minha dedicação, foco e organização."

"Impactar positivamente a sociedade (ou pessoas próximas) a partir do meu trabalho e que envolva minhas habilidades com empatia e compreensão. Obs.: ficou muito vago, mas estamos na busca :)"

Desenvolvendo o seu propósito em 5 etapas **181**

"Quero impactar a vida de crianças e jovens (antes da adolescência) a partir do esporte e da educação, com dedicação e alegria."

"Quero auxiliar a gestão e o crescimento de empreendedores, especialmente de pessoas socialmente vulneráveis, como consultora, com organização, dedicação e empatia."

"Quero ajudar meus pais financeiramente arranjando um emprego que eu tenha oportunidade de crescimento e de desenvolvimento com meus esforços e determinação."

É importante que você faça esse rascunho, inclusive para perceber as partes que você ainda não se sente muito pronto para completar. Esse poderá ser o foco da próxima etapa, que é a experimentação. Ao experimentar, poderá descobrir pontos importantes sobre o seu propósito, seja o seu "verbo" em si, a quem você quer servir, de que forma você pode realizar sua intenção no mundo e quais as suas melhores qualidades para oferecer.

Atividade 7 - Integrando seus aprendizados de Empatia no Canvas

Agora você já pode avançar no preenchimento do seu Canvas de Propósito.

O espaço "A que quero servir" pode ser o próximo passo. Aqui seria equivalente à parte de "PESSOAS/CAUSAS" que o mobilizam na frase que escreveu.

Em seguida, convido você a detalhar os serviços que você pode prestar a estas pessoas ou para esta causa. Os serviços podem ser na forma de função (por meio do seu trabalho, da sua profissão), de produtos (aulas, palestras, conversas) e de projetos (conjuntos de atividades voltadas à essa causa). Essa caixinha provavelmente será revisada mais vezes do que as demais, pois a forma de entrega do seu propósito no mundo costuma ser dinâmica. Você pode ter um projeto hoje previsto e daqui a seis meses já concluí-lo. Então aqui é um espaço para um desenho inicial dos serviços que pode oferecer hoje para estas pessoas que quer atingir ou para a causa que escolheu contribuir:

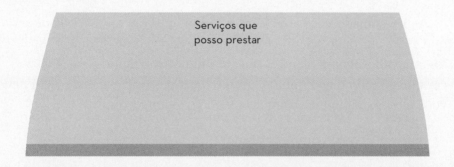

Agora você pode escrever o seu Propósito preliminar (o que você definiu até o momento) no espaço "Meu Propósito". Você pode seguir aquela estrutura:

Quero _____ (VERBO) _____ (PESSOAS/CAUSAS) por meio de _____ (ATIVIDADES) com _____ (MINHAS QUALIDADES).

Se preferir outro formato que faça mais sentido para você, fique à vontade para mudar. Só procure fazer algum registro do que já sabe neste momento para reconhecer o que já sabe e o que ainda falta descobrir.

Agora convido você a revisitar a caixinha "Meu motivo". Pode ser que a esta altura do seu processo, tenha se dado conta de outros aspectos motivadores para oferecer sua contribuição ao mundo (vale esclarecer que quando digo "mundo" quero dizer pessoas ou causas além de você mesmo, não precisa impactar todo o globo terrestre).

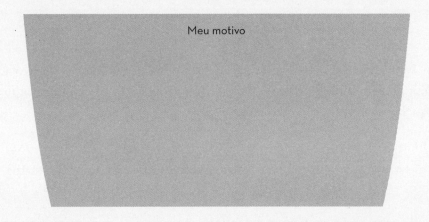

Nós ainda vamos rever todas estas caixinhas. Fique tranquilo. É importante ir fazendo seus registros, mesmo que preliminares, para avançar nas suas descobertas. E celebrar! Parabéns por mais esta etapa da sua jornada! Pronto para a próxima? Agora vamos experimentar...

Etapa 3 – Experimentação: vamos para o mundo!

A vida nos oferece diversas oportunidades de experimentação:
- A necessidade de trocar de escola, de cidade, de trabalho, de parceiro;

- Uma viagem para um lugar com uma cultura totalmente diferente da nossa;
- Um projeto voluntário;
- Amigos muito diferentes de nós;
- Uma pessoa da família que lhe apresenta um jeito diferente de ser;
- Um animal de estimação;
- Um curso especial.

Se fizermos uma reflexão sobre o que aprendemos com as experiências que já tivemos, poderemos ter muitas dicas sobre o que tem sentido hoje para nós. A nossa história de vida nos oferece essa possibilidade.

No entanto, às vezes precisamos gerar novas experiências, pois as que tivemos não foram suficientes para nos ajudar a definir nosso Propósito. E não precisamos fazer uma experiência maluca, parar a nossa vida, investir uma grande soma de dinheiro em algo novo. O importante é ter clareza do que você precisa testar ou experimentar e desenhar um projeto prático que lhe permita vivenciar isso. Então vamos à primeira atividade de experimentação.

Atividade 1 - Definindo seu MVP

No empreendedorismo, o conceito de MVP ("mínimo produto viável", em português) traz exatamente essa proposta de experimentação. A ideia é que antes de um empreendedor se aventurar a comprar um espaço para abrir um restaurante, que ele contrate uma equipe, treine pessoas, abra formalmente uma empresa, adquira todos os equipamentos e materiais, ele faça um pequeno experimento na forma de um MVP. Então é necessário realizar um teste do ponto mais importante do negócio para saber se vai funcionar. Talvez o ponto crucial seja testar o cardápio, ou os preços do menu na região. É possível fazer um evento com algumas pessoas e testar esse menu, por exemplo, antes de investir pesado em algo que pode não dar certo.

A ideia aqui é fazer um MVP do seu propósito. A primeira pergunta a responder é:

Desenvolvendo o seu propósito em 5 etapas **185**

O que me impede de viver plenamente o meu propósito?

Em geral, quando as pessoas respondem essa pergunta, temos três categorias de respostas:

1) Algum obstáculo no presente, que as impede de olhar para o futuro;
2) Não ter clareza sobre qual é o Propósito delas;
3) Nunca ter experimentado viver o Propósito.

Se você tiver se identificado com a primeira categoria, precisa reduzir esse obstáculo na sua vida hoje antes de poder planejar suas intenções futuras. Talvez esse seja o seu principal impedimento. Se nesse momento você possui uma espécie de "ralo" de energia, algo que consuma muita da sua energia vital, fica difícil olhar para o futuro. Primeiro é preciso cuidar desse ladrão de energia!

Nesse caso, o seu MVP deve ser direcionado para "reduzir obstáculo". Trago alguns exemplos de projetos nesse sentido:

• Cuidar da minha saúde mental.
• Encerrar um relacionamento que não me faz bem.
• Reestruturar a minha vida financeira.
• Trabalhar um trauma ou uma perda significativa.
• Fazer uma gestão do tempo efetiva para não ser consumido pela rotina.

Quando temos alguma questão como essas em aberto na nossa vida, isso consome muita energia. E o primeiro grande passo é cuidar desse ponto. Pouco vai adiantar você fazer projetos futuros se não tiver energia para dar conta deles depois. É necessário priorizar suas ações. O primeiro passo então seria cuidar desse consumidor de energia.

E quando digo "cuidar" não quero tentar dizer "resolver em definitivo", pois há processos que levam muito tempo para serem tratados. E há aqueles aspectos que sempre serão uma dor para a gente. Isso faz parte do que é ser humano. São como cicatrizes, áreas que sempre serão mais sensíveis, mesmo após a ferida mais profunda estar curada. O foco aqui é cuidar desse machucado para que você tenha condições de continuar caminhando.

E vale um "ponto de atenção" aqui: nunca teremos tudo resolvido na vida. Então cuidado para não deixar o perfeccionismo dominá-lo. Se isso acontecer, será difícil encarar seu futuro e começar a trabalhar por ele. Não siga por um caminho de "ah, não posso pensar em propósito agora, porque primeiro preciso terminar a faculdade. Ah... agora eu preciso focar em sair da casa dos meus pais. Ah... agora tenho que conseguir um emprego melhor". Isso é infinito. E aí seus sonhos vão sendo empurrados para depois e talvez nunca tenham espaço para nascer.

Querer viver uma vida com Propósito exige coragem. A partir do momento em que assume (mesmo que só para você mesmo) que quer uma coisa, você passa a ter uma medida clara de sucesso. E de insucesso.

Já quando vivemos ao estilo "deixa a vida me levar" ou "viva somente o agora", qualquer coisa que aconteça é lucro. É aquela famosa passagem da história da Alice no País das Maravilhas: "se você não sabe para onde vai, qualquer caminho serve".

Vejo algumas amigas que estão chegando próximas dos 40 anos e que sempre quiseram se casar, começando a dizer: "Eu não ligo mais para casamento. Isso é coisa que a sociedade coloca na nossa cabeça". E quando vamos conversando (às vezes após algumas taças de vinho), admitem que queriam na verdade encontrar alguém, mas está tão difícil que acham melhor parar de dizer que querem se casar para não ficarem tão frustradas com querer algo e não conseguir.

Então vamos dar esse passo corajoso de assumir o que queremos. Se não sabemos o que queremos, vamos descobrir! Mas vamos demonstrar a coragem de querer um Propósito para nortear nossa vida,

Desenvolvendo o seu propósito em 5 etapas **187**

mesmo que tenhamos que dar conta de, em alguns momentos, não conseguir dar passos nessa direção.

Ok! Entendida a primeira categoria (reduzir obstáculo). E se meu caso for que eu quero sim ter um propósito, estou aqui cheio de coragem, mas ainda não sei o que quero? Muito bem! Essa é outra situação, que seria a segunda categoria (não ter clareza sobre o Propósito). Nesse caso, resgate as reflexões que fez neste guia e identifique qual parte do propósito não é clara para você. E nada de extremismos ao estilo "não sei naaaada"! Eu duvido! :)

Você sabe como chegou até o dia de hoje por meio do resgate da sua história de vida, sabe quem é em termos de personalidade, valores, sabe em que você é bom, quais os seus interesses além de você mesmo. Então já tem componentes essenciais do seu Propósito. Agora é "ligar os pontos".

Nos workshops que eu ofereço, percebo que algumas pessoas saem com essa sensação de que fizeram muitas descobertas sobre si, mas ainda não sentem que têm clareza do que querem assumir como Propósito. E, às vezes, sair "somente" com uma intenção mais ampla pode ser um ótimo norteador. Por exemplo: "Quero ajudar pessoas, por meio das minhas qualidades X, Y e Z".

Quando você menos se der conta, estará encontrando formas mais concretas de oferecer esta ajuda. E passará a entender melhor que tipo de pessoa você quer ajudar. Será que é qualquer pessoa? Pode até ser que sim, mas às vezes descobrimos que há algumas pessoas com quem nos interessa mais contribuir.

Tá bom, mas... e o meu MVP? Como seria? Você precisará pegar algumas pistas do seu Propósito e investigar. Vou dar alguns exemplos de MVPs:

- Passar um dia fora de casa me dedicando a ponderar prós e contras de eu começar a empreender. Discutir esses pontos com pessoas que estão empreendendo para checar se fazem sentido.
- Conversar com pessoas que ajudam outras pessoas e entender o que é preciso para fazer o que elas fazem.

- Dedicar uma sessão da minha terapia para discutir meus achados sobre o Propósito.
- Fazer um processo de coaching para definir com mais clareza como posso trabalhar com mais Propósito.
- Fazer um projeto voluntário em uma área que me interesso para descobrir formas de me aproximar de trabalhar com isso.
- Ajudar alguns amigos próximos com algo que eu saiba fazer e descobrir com eles como posso fazer disso meu trabalho.
- Abrir uma conta no Instagram só para compartilhar meus conhecimentos em determinada área e ver o que fazer em seguida.

O importante é AGIR. Não é um momento para ficar apenas "refletindo", "pensando", "analisando", "ponderando". É o momento de se levantar da cadeira, do sofá, da cama e caminhar em direção a algo ou alguém.

Quando você começa a se movimentar, quebra aquela inércia, a tendência natural a continuar o que estava fazendo (ou não fazendo).

Ui. Aquele tapa na cara com amor.... eu sei. Mas entenda como um "chacoalhão do bem". Vamos nos movimentar!

Ok, entendida a categoria dois de resposta. E se você já sente que tem um Propósito, mas nunca se direcionou para ele? Como se vivesse uma vida paralela entre sonho e realidade? Essa é a terceira categoria que as pessoas costumam responder à pergunta sobre o que as impede de viver o Propósito (nunca ter experimentado vivê-lo). Bom, vamos fazer essa travessia e passar a vivenciar mais o seu Propósito!

Exemplos de MVPs nesse sentido:

- Dar um pequeno curso em uma ONG ou na empresa em que eu trabalho para começar meu caminho como professor ou instrutor.
- Fazer um site para divulgar e vender meus produtos.
- Mandar meu currículo para empresas na área em que quero trabalhar e conversar com pessoas da minha rede para identificar oportunidades de emprego.
- Oferecer uma degustação do serviço que quero prestar para começar a divulgar o que eu faço.

- Fazer uma live no Instagram divulgando meu conhecimento na área em que quero atuar.

E aí? Pronto para definir o seu MVP?

Meu MVP é:

Procure definir **atividades**, **prazos** e **recursos** que irá precisar (materiais, dinheiro, pessoas, tudo que não for você mesmo!).

Coloque aqui a data em que vai concluir seu MVP: _____.
Inclua essa data na sua agenda para estimulá-lo a ter foco e voltar para o seu processo de desenvolvimento. ;)

Atividade 2 – Aprendizados do meu MVP

Após realizar seu MVP na prática, conte a seguir quais foram os aprendizados que teve com essa ação:

Se sentir que precisa, faça uma nova rodada de MVP, refinando seu teste.

Não siga a sua jornada sem realizar o seu projeto piloto. Converse com suas subpersonalidades, ouça o que cada parte sua quer lhe dizer e faça acontecer!

....
DICA 16
Combine ação e reflexão
....

Etapa 4 – Visão de futuro e planejamento: como me estruturar para os próximos os passos?

Agora que você já ampliou seu nível de autoconhecimento, conectou-se com o mundo além de você e experimentou se aproximar do seu Propósito, é hora de planejar seu futuro.

É importante que você tenha tanto a visão macro (mais ampla) quanto micro (mais detalhada). E é natural que tenhamos mais clareza dos passos mais próximos do que dos mais distantes.

Então o primeiro passo é fazer um "*roadmap*", que seria um Mapa da Jornada!

Atividade 1 – Roadmap

Para fazer o seu *roadmap*, você deve refletir sobre o que quer ver acontecer nos próximos anos. Para isso, inclua tanto aspectos diretamente relacionados ao seu Propósito quanto coisas importantes para você estar bem. É importante querer objetivos pessoais e se sentir digno de ter conquistas suas também.

Desenvolvendo o seu propósito em 5 etapas   **191**

Exemplo: meu roadmap

Futuro próximo (até 01 ano)	Futuro mais distante (entre 01 e 03 anos)	Futuro mais distante ainda (mais de 03 anos)
• Ter um filho • Terminar as reformas em casa • Publicar este livro • Fazer algumas palestras baseadas no livro	• Cuidar das nossas famílias (marido, filho e pais) e estar mais perto dos amigos • Promover workshops de Propósito com base no livro • Escrever um novo livro com foco em multiplicadores • Voltar a viajar pelo mundo para conhecer novos lugares e levar o tema de Propósito para outros países • Promover projetos coletivos com finalidade social	• Cuidar da família (marido, filho e pais) e dos amigos mais fundamentais • Influenciar politicamente mudanças na educação (mundo mais justo) • Expandir o tema de Propósito para outros contextos (a definir) • Formar rede de coaches e mentores para negócios sociais com propósito

Nossa, adorei fazer meu *roadmap*! Rsrs! Dá um medinho de escrever algo que depois não dê certo, mas é isso mesmo! Temos que ter coragem de afirmar nossas intenções. Vai com medo mesmo!

E agora convido você a fazer o seu *roadmap*. Conecte-se com quem você é, com o que importa para você. E coloque no papel as suas intenções para o futuro, sempre iniciando com verbos de ação (fazer, iniciar, desenvolver):

Seu roadmap

Futuro próximo (até 01 ano)	Futuro mais distante (daqui a 01 a 03 anos)	Futuro mais distante ainda (daqui a mais de 03 anos)

É natural que a vida traga a necessidade de ajustar esse plano, mas ter um ponto de partida do que depende de você é muito importante para direcionar a sua energia!

Agora que você tem um norte mais amplo, vamos detalhar o seu futuro próximo, por meio da escolha e detalhamento do seu próximo Projeto de Vida.

Atividade 2 - Projeto de Vida

A minha formação na área de Gestão de Projetos me permitiu perceber a importância de planejar o que queremos. E podemos fazer isso por meio do desenho de Projetos de Vida.

Quando nos perguntamos algumas questões-chave, ganhamos muita clareza do que queremos realizar. Exemplos dessas perguntas:

- Para que quero fazer esse projeto? (justificativa)
- Qual é o meu objetivo?
- Que benefícios eu espero obter?
- O que eu vou entregar no final?
- De que forma espero que essa entrega seja feita? (requisitos, critérios)
- Quem pode influenciar meu projeto? (stakeholders)
- Com quem posso contar para algumas entregas do projeto? (time)
- O que estou assumindo que vai acontecer para que tudo dê certo? (premissas)
- Quais são as entregas detalhadas desse projeto? (entregáveis/fases)
- Quais restrições fazem parte do meu projeto?
- Quais são os principais riscos que podem ameaçar meu objetivo?
- Quais são os prazos de cada entrega?
- Quais são os investimentos que terei que fazer? (financeiros e não financeiros)

Estas são questões que estão presentes em um Termo de Abertura do Projeto (*Project Charter*, em inglês). Há alguns modelos disponíveis no mercado, que podem ajudá-lo a fazer esse planejamento.

Um deles é o Project Model Canvas (PM Canvas) do professor Finocchio.[19]

---

19. O professor Finocchio disponibiliza o seu Canvas para download no seguinte link: http://pmcanvas.com.br/download/

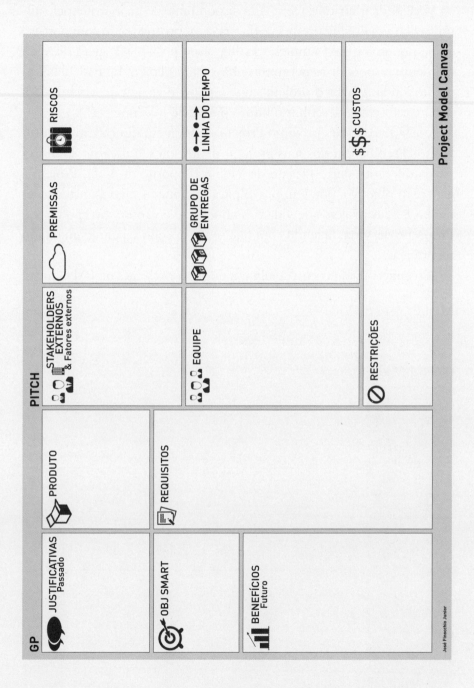

Desenvolvendo o seu propósito em 5 etapas 195

Você pode imprimir o template disponibilizado na internet pelo autor e colar em um lugar especial da sua casa, preenchendo com post-its!

Se preferir ir pelo simples, escolha o seu próximo Projeto de Vida e procure responder às perguntas-chave para planejá-lo! Esse detalhamento ajuda a fazer o projeto sair do papel e vir para a vida. Vale a pena o esforço de desenhar o futuro para fazê-lo acontecer!

E aí? Qual é o seu próximo Projeto de Vida em direção ao seu Propósito? Escolha um dos seus projetos dentro do seu *roadmap*. Lembre-se da diferença entre Projeto de Vida e Propósito de Vida. Projeto é algo com objetivo, que tem prazo para terminar e algo a entregar no final. Os seus projetos de vida são aqueles que vão na direção do seu Propósito de Vida, fazendo com que seu Propósito seja implementado na prática.

A seguir, convido você a detalhar a questões presentes no PM Canvas.

Meu Projeto de Vida é: _____

Por quê?

Justificativa	
Objetivo	
Benefícios	• • •

O quê?

Produto final	
Requisitos	•
	•
	•
	•
	•

Quem?

Stakeholder (Influenciadores / influenciados)	•
	•
	•
	•
	•
Equipe	•
	•
	•

Como?

Premissas	•
	•
	•
	•

Desenvolvendo o seu propósito em 5 etapas

Entregas	1.
	2.
	3.
	4.
	5.

Como?

Riscos	•
	•
	•
	•
	•
Prazos	1.
	2.
	3.
	4.
	5.
Custos	1.
	2.
	3.
	4.
	5.

Fonte: Finocchio Junior, José. Project Model Canvas.

E então? Como foi detalhar o seu projeto? Espero que ele tenha se tornado mais real e viável agora para você.

Quando concluir seu projeto, volte aqui no seu guia e registre seus aprendizados. ;)

Você pode usar essa estrutura para apoiar o planejamento de todos os seus projetos.

Agora vamos para a última etapa, que é sustentar ao longo do tempo tudo o que você caminhou até aqui. Mesmo que não tenha terminado de implementar seu projeto, pode seguir sua jornada. Apenas coloque as atividades do seu projeto na agenda para que ele de fato saia deste guia e se torne realidade.

DICA 17
*Defina o que quer alcançar
no longo e no curto prazo*

ETAPA 5 – SUSTENTAÇÃO: GARANTINDO A PERPETUIDADE

Em um processo de coaching, o último passo é pensar em um plano de sustentação da mudança. O foco é pensar em formas de garantir a perpetuidade do movimento que você iniciou. É como se fossem alimentos, que o nutrem no caminho, dando energia para seguir em frente. O objetivo é garantir que a mudança não perca força no decorrer do tempo e acabe ficando na gaveta.

Em uma sessão de coaching com o Tony Tarantini, profissional brilhante e italiano cheio de carisma e intensidade, ele me disse: **"é pela minha agenda que sei que estou vivendo uma vida *purposeful* e *meaningful*"** (uma vida com Propósito e Significativa). Uauuuu! Aquilo fez todo sentido!

Há muitos anos eu uso um método de Gestão do Tempo que eu criei a partir de boas práticas que aprendi em treinamentos e integrando ferramentas de Gestão de Projetos. E isso me ajuda a garantir que o meu tempo é usado de forma consciente e significativa!

Vamos conhecer esse método?

Atividade 1 - Gestão do Tempo Pessoal

Já é difícil encontrar tempo para fazer tudo o que precisamos e queremos fazer, imagine se uma parte desse tempo é "roubada" de nós? Pois é! **Existem os "ladrões de tempo" ou sabotadores**. Sabe aquele momento em que você abre o Instagram ou Facebook e fica lá, rodando a página para baixo repetidamente e, de repente, já passaram mais de duas horas? Parece um tempo roubado de nós, que não queríamos que fosse tomado desse jeito, mas sem nos darmos conta, já foi.

Então, vamos para o primeiro passo da Gestão do Tempo! Identificar o que lhe "rouba" tempo (usa seu tempo, mas na verdade, você não gostaria que ele fosse usado dessa forma). Alguns exemplos: acessar as redes sociais, ficar no trânsito, atender ligações de algum amigo ou pessoa da família que lhe toma muito mais tempo do que gostaria, frequentar reuniões que você nem deveria ter sido convidado, resolver coisas para outras pessoas (seu chefe, pessoas da sua equipe, amigos, parceiro, familiares), excesso de perfeccionismo (você fica revendo milhares de vezes aquela apresentação antes de enviar).

Passo 1 – Seus ladrões do tempo
O que toma seu tempo, sem que você queira?

E por que será que deixamos isso acontecer? Muitas vezes temos necessidades não atendidas de descanso, afeto, diversão, pertencimento, e não nos damos conta. Então ficamos nas redes sociais buscando conexão, dizemos "sim" quando tínhamos que ter dito "não" para sermos aceitos, atendemos um telefonema e ficamos um tempão ali pendurados quando tínhamos que estar fazendo outra coisa naquele momento para ter um pouco de reconhecimento. É importante olhar para isso com amorosidade e consciência.

E agora, **reflita sobre o motivo de você permitir que esses fatos roubem seu tempo**. Quais necessidades estão por trás disso?

Passo 2 – Identificação das suas necessidades
O que você está procurando atender quando deixa essas atividades tomarem seu tempo? (se precisar, veja a lista de necessidades humanas abaixo)

Desenvolvendo o seu propósito em 5 etapas

EXEMPLOS DE NECESSIDADES HUMANAS

Afeto	Conexão espiritual	Movimento
Amor	Confiança	Ordem
Apoio	Descanso	Paz
Autonomia	Diversão	Pertencimento
Beleza	Esperança	Proteção
Celebração	Espaço	Reconhecimento
Clareza	Harmonia	Respeito
Coerência	Honestidade	Segurança

Excelente! Ter consciência é o primeiro passo da mudança. Agora você pode **decidir com mais protagonismo a melhor estratégia para atender as suas necessidades**. Se sente necessidade de diversão e afeto, será que ficar duas horas no Facebook é a melhor estratégia para atender a essas necessidades? Ou será que ligar para um amigo pode preenchê-lo muito mais? Se preciso me sentir aceita e amada, será que atender a todos os pedidos (inclusive de quem não merece o seu tempo e ajuda) é a melhor estratégia? Ou talvez passar mais tempo com sua família, encher-se se acolhimento e dizer não para quem não merece seu apoio?

Aos poucos, vamos ampliando nossa percepção de uso do tempo, de forma que ao invés de termos somente 80% do nosso tempo disponível (afinal 20% foram "roubados" sem que quiséssemos), passamos a tê-lo integralmente para fazermos nossas escolhas.

E agora que estamos com mais tempo para uso, vamos dar um passo e refletir sobre o que você quer que preencha o seu tempo.

Para isso, **vamos usar uma ferramenta de Gestão de Projetos que ajuda a ter clareza do escopo do projeto, ou seja, o que você quer entregar**. Em espanhol, escopo se chama "*alcance*", quer dizer, até onde vai meu projeto.

Vou dar um exemplo sobre escopo para um almoço de domingo. O que devo entregar nesse almoço? Será que inclui entradas, prato principal, sobremesa, bebidas alcoólicas e não alcoólicas? Ou é só pedir uma pizza e abrir um refrigerante? :) Assim como fazemos essa análise para os projetos pessoais e profissionais, podemos fazer para a nossa vida.

Podemos usar uma ferramenta chamada EAP (Estrutura Analítica de Projetos) ou WBS (*Work Breakdown Structure*, ou "a estrutura de quebra do trabalho", em português). Para isso, partimos do resultado do projeto (no caso, a sua vida!) e segmentamos em partes menores, para facilitar a gestão das partes da nossa vida.

Exemplo:

Você pode estruturar da forma que quiser, mais detalhado, menos detalhado. Tem pessoas que não sentem necessidade de incluir uma caixinha só para si, por exemplo. Eu percebi que se não incluísse uma área de entrega exclusiva para mim, não tinha energia para atender às demais caixinhas da minha vida, então coloquei a primeira caixinha como "Carol". Há pessoas que separam a Família dos Amigos, pois são focos distintos para elas, assim como separaram os diversos tipos de trabalho. O importante é que 100% da sua vida esteja nas caixinhas.

Você pode ter uma caixinha apenas para o Propósito, que inclua as atividades mais diretamente ligadas à realização do sentido da sua vida. Para mim, o propósito está em todas as caixinhas, mas há pessoas que sentem essa necessidade de dar foco a ele. Veja o que funciona melhor para você.

Na EAP da Vida teremos tanto entregas com Propósito (*Purposeful*) quanto entregas significativas (*Meaningful*). Isso significa que vamos olhar tanto o que queremos alcançar no futuro quanto o que precisamos manter no dia a dia para termos energia para ir em direção desse futuro. Se não cuidarmos da saúde, das relações afetivas, do dinheiro, não teremos energia para esses projetos futuros. E é por isso que a agenda é onde o Propósito encontra uma vida significativa.

Um ponto importante: você pode ter uma área da sua vida que neste momento está vazia (saúde, amor, trabalho). No entanto, é importante que você inclua essa caixinha para marcar território! E com ela sob sua gestão, vai ser preenchida!

Agora é sua vez: como é a sua EAP da Vida?

Passo 3 – Estrutura da sua Vida

Ótimo. Agora você já sabe o que quer que esteja presente na sua vida. **O próximo passo é fazer isso acontecer, semana a semana**. Então vamos definir as ações, as atividades que você gostaria de fazer relacionadas a cada uma das suas caixinhas.

Vou dar um exemplo a partir da minha EAP da vida:

Áreas da Vida	Semana 1 (31/05) – Atividades
1. Carol (autocuidado, estudos, dinheiro)	• Autocuidado: tomar vitaminas, correr 2x/semana, meditação diária, terapia • Estudos: continuar lendo o livro dos Buscadores de Luz • Dinheiro: organizar gastos do cartão
2. Família e Amigos (Emerson, gatos, família Carol, família Emerson, Top 10 amigos)	• Emerson: cuidar para não encher a nossa agenda de compromissos -> descansar • Gatos: levar Mimi para tosar • Família: almoço de domingo com os pais, comprar presente de niver Ju • Top 10: ligar para Marília, visitar a Fá, Morango, Matteo e Pietro em Mogi
3. Trabalho (MBA, Livro, Coaching, Palestras)	• MBA: aprovar programa e ementa 2022, convidar próximos professores • Livro: terminar capítulo da Gestão do Tempo • Coaching: emitir Nota Fiscal coaching em grupo ISMART • Palestras: não aceitar palestras até 18/06 (foco no livro!)
4. Projetos Sociais e Doações	• Continuar doando para o Fazendo História (trocar cartão)

Esse é o momento da semana em que incluímos o que gostaríamos de fazer ("*Wish List*", ou seja, Lista de Desejos). Ainda não sabemos se ela será viável, pois às vezes queremos fazer mais coisas do que cabe no tempo. No entanto, é importante primeiro incluirmos todas as atividades que queremos para depois vermos como dar conta dessa lista.

Passo 4 – Lista de Atividades

Áreas da Vida	Semana 1 - Atividades
1.	
2	
3.	
4.	
5.	

Aqui é um espaço para você exercitar, mas é **importante que escolha um local para manter essa rotina de listar as suas atividades semanais**. Pode ser em um caderno, no celular, em uma planilha de Excel. O importante é que seja sempre no mesmo lugar para você manter uma visão integrada semana a semana. Eu incluo as minhas caixinhas em uma coluna do Excel com a lista de atividades na coluna ao lado. Semana a semana, vou atualizando a lista. E aí percebo que tem atividades que eu "arrasto" toda semana. Nesse momento preciso parar e entender por que incluo na lista de desejos se eu não executo aquela atividade. E aí posso excluir da lista e parar de me cobrar para fazer algo que não vou fazer ou decidir de fato fazer a atividade e riscá-la da lista!

Vá pensando onde seria o melhor lugar para você elaborar a sua lista semanal de atividades.

O próximo passo é colocar essas atividades no tempo. Isso é especialmente importante para quem sente muita ansiedade. Antes de eu usar esse método, minha cabeça ficava em *looping*, relembrando "a lista" da semana diversas vezes para ter certeza de que eu não esqueceria nada. Além disso, sentia uma angústia muito grande, pois queria colocar tudo no mesmo dia para ser feito e via que não cabia. A partir do momento que anotei as atividades (tirei da cabeça e passei para a planilha) e as distribuí no tempo, via que era possível realizá-las (e quando não era possível, já ajustava ou negociava com as pessoas as minhas entregas). Então conseguia olhar para um dia de cada vez. Isso me trouxe muita paz. E é isso que desejo para você. :)

Para colocar suas atividades no tempo, será preciso priorizá-las. Steven Covey, autor do livro "Os sete hábitos das pessoas altamente eficazes"[20], conta uma história que ilustra bem a importância da priorização. Se você tiver um balde (espaço limitado) e tiver três elementos para encaixar nesse espaço – cascalho, pedras pequenas e pedras grandes –, terá que começar pelas pedras grandes, seguido pelas pequenas e, por último, o cascalho, que se infiltra pelos espaços remanescentes. Se tentarmos fazer o contrário (começar pelo cascalho,

---

20. COVEY, S. *Os sete hábitos das pessoas altamente eficazes*. 91. ed. Rio de Janeiro: Best Seller, 2021.

depois colocar as pedras pequenas e, por último, as pedras grandes), as pedras grandes não vão caber.

Essa analogia do balde e das pedras remete ao nosso tempo e às atividades da vida. O balde é o nosso tempo, que é finito, limitado. As pedras grandes são as atividades mais importantes, aquelas que não podemos deixar de realizar. As pedras pequenas são necessárias também, mas não tão críticas de serem feitas como as pedras grandes. E, finalmente, o cascalho seria as atividades do tipo "se der, eu faço".

Então quando for distribuir as suas atividades no tempo, defina primeiro quais são suas pedras grandes. E coloque-as na agenda com horário de início e término, reservando o espaço para elas poderem acontecer. Algumas pedras grandes já têm de fato um horário (dar uma aula na segunda-feira, das 19h às 23h), mas outras a gente é que precisa planejar um horário para elas (escrever o livro das 10h30 às 12h na terça-feira).

Depois de reservar os horários das pedras grandes, siga distribuindo as pedras pequenas na agenda (pode colocar horário também de cada uma ou apenas reservar um período na agenda com uma lista viável de pedras pequenas para realizar naquele intervalo de tempo). Por fim, faça uma lista de cascalho (o "se der, eu faço!"). E mantenha em um lugar visível para você.

É muito importante que você **planeje sua agenda ao longo do dia - manhã, tarde e noite - da forma que é mais efetiva para você**. Por exemplo, eu costumo colocar as atividades que demandam criar coisas novas logo cedo pela manhã, pois é quando tenho mais energia e estou mais descansada. Logo após o almoço, fico mais devagar para pensar sozinha e então costumo incluir atividades com outras pessoas, pois isso me deixa energizada.

Na minha experiência, conforme fazemos essa distribuição do tempo, ganhamos muito foco e produtividade. E aí começa a "sobrar" tempo! Isso nos permite buscar na lista de cascalho as atividades que também gostaríamos de fazer se tivermos algum tempo livre (cortar o cabelo, comprar um vinho, pesquisar lugares para passar um final de semana gostoso). Dependendo da minha semana, uma atividade como "cortar o cabelo" pode ser cascalho ou pode ser pedra grande (se estiver uma "juba" e eu precisar gravar uma aula on-line naquela semana, por exemplo, é pedra grande!).

Percebo que em semanas em que não faço a minha agenda e "deixo a vida acontecer", a semana acaba, eu me sinto exausta e não fiz coisas importantes para mim. Apenas respondi a demandas externas. E aí acabo tendo que decidir prioridades quando já estou com a cabeça muito cansada e não faço as melhores escolhas.

Quando começo a semana, meu plano fica assim:

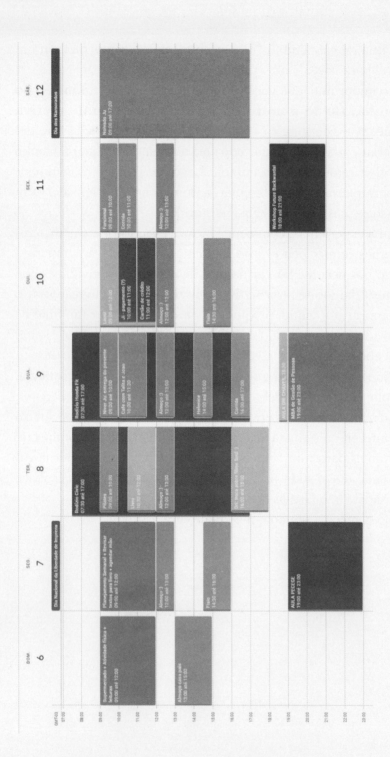

Aqui a imagem está em preto e branco, mas é possível diferenciar por cores. Na minha agenda, por exemplo, uso cores diferentes para saúde (verde claro), atividades afetivas (rosa), trabalho conduzido diretamente por mim (roxo), trabalhos que eu acompanho (azul claro), dinheiro (verde escuro), atividades ligadas mais diretamente ao meu propósito (amarelo). Isso me permite ver o equilíbrio (ou desequilíbrio) nas atividades da minha vida. Uma agenda sem rosa (atividades afetivas) ou verdes-claros (saúde) indica que uma hora vou me esgotar. São alertas para me manter saudável física e emocionalmente.

As pedras grandes têm dia e horário para acontecer. Já as pedras pequenas, às vezes, têm um dia e horário para serem feitas, mas normalmente têm apenas um espaço reservado, ficando juntas como uma lista de afazeres naquele período (veja domingo e segunda-feira de manhã, por exemplo).

É importante deixar **espaços entre as atividades**, pois certamente irão surgir novas demandas na sua agenda ao longo da semana. A minha agenda tem mais espaço do que a maioria das pessoas que conheço, pois não trabalho em uma empresa com horário fixo. Então eu agendo meus compromissos principais e depois as pessoas vão me acionando ("Carol, precisa ajustar uma agenda de professor", "tem um aluno que está com um problema e precisa da sua atenção"). E isso vai naturalmente preenchendo minha agenda.

Desenvolvendo o seu propósito em 5 etapas   211

Passo 5 – Separe as atividades da semana em pedras grandes, pequenas e cascalho

Pedras Grandes (preciso fazer esta semana, com dia e horário)	Pedras Pequenas (é importante fazer em algum momento desta semana)	Cascalho (se der, eu faço essa semana)

Agora escolha a sua forma de agenda (física, no celular, em uma planilha de Excel) e inclua seus compromissos. Defina também onde ficará sua lista de cascalho. E... coloque suas atividades desta semana no tempo.

Recomendo que você faça uma **agenda do ano** também, para já deixar reservadas as atividades que já sabe que irão acontecer (aulas, cursos, férias, aniversários importantes) e para ter visibilidade do todo. Eu faço no Excel, pois prefiro ver toda a agenda de uma vez, apenas rolando a planilha para baixo e para cima. Nos aplicativos, em geral, só consigo ver mês a mês ou as atividades ficam muito pequenas quando quero visualizar um período maior de tempo de uma vez. No entanto, escolha o que faz mais sentido para você.

E agora vamos ao último passo do método de Gestão do Tempo.

Passo 6 – Defina sua rotina de Planejamento do Tempo
É importante estabelecer uma rotina para o seu planejamento de tempo. Para isso, é necessário que você escolha um dia e horário da semana (toda semana) para fazer esse plano.

Eu faço a agenda toda segunda-feira de manhã, como primeira atividade. Procuro não marcar um compromisso na segunda-feira cedo porque, senão, eu já começo a querer executar as atividades da semana antes de planejar o todo. E aí, vira um caos, acabo não priorizando o que é mais importante para mim e só atendo a demandas.

Há quem prefira fazer na sexta-feira e já deixar tudo organizado para a semana seguinte, ou no domingo no final do dia.

E você? Em qual dia e horário que acha que vai ser efetivo planejar sua agenda?

Dia e hora que vou planejar minha semana:

Além de definir o dia da semana, é importante **revisar a cada final de dia** como vai ajustar o restante da semana. É natural aparecerem novos compromissos e haver mudanças no que já havia planejado. Então revise dia a dia sua agenda (não hora a hora!) para garantir que tenha sempre um plano que o ajude a orientar sua rotina.

Um ponto importante: talvez nessa altura você esteja se sentindo pressionado e não veja sentido em planejar sua agenda. As pessoas são diferentes e pode ser que você realmente não precise disso para viver uma vida com propósito. Convido você ao próximo passo, que é exatamente uma reflexão sobre o tema.

Passo 7 – Reflita sobre o que sua agenda está dizendo sobre você

É importante refletir sobre o que a sua agenda pode dizer sobre a forma como está conduzindo a sua vida. E, a partir disso, avaliar se precisa fazer mudanças para ter coerência entre seu propósito e suas ações.

Tempo é vida. Então, como definimos cuidar do nosso tempo diz muito sobre como queremos cuidar da nossa vida. E disciplina é uma forma de amor-próprio. É ter a força para manter seu compromisso com você mesmo. Sendo assim, observe como está a sua força de vontade e analise o que está por trás disso.

Encontrei muitas pessoas em workshops e palestras sobre Gestão do Tempo que diziam que preferiam deixar a vida acontecer, que não precisavam de um método "neurótico" que as controlasse e tirasse sua liberdade. No entanto, em geral, eram pessoas que trabalhavam além da conta e já estavam sem essa tal liberdade em suas vidas há muito tempo. Escolher tomar a vida nas mãos e definir uma agenda exige coragem de assumir o que quer fazer com sua história.

Se você chegou até esta parte do livro, acredito que já tem bastante consciência do que quer para sua vida. A agenda pode ser uma ferramenta poderosa para fazer isso acontecer. No entanto, respeito se você sentir que não precisa disso e que é capaz de fazer cada escolha priorizando seus valores e de acordo com o que faz sentido para você. Há quem consiga sim fazer isso, mas não é a maioria das pessoas.

Ter um plano para nosso tempo nos ajuda inclusive a dizer os "nãos" que precisamos, pois quando alguém nos pede algo e temos a agenda livre, ficamos mais propensos a aceitar, mesmo que saibamos que não é algo que gostaríamos de atender.

Lidar com o vazio da agenda pode ser difícil para algumas pessoas (eu sou uma delas). Encontrar o vazio na agenda nos coloca de frente para o nosso próprio vazio existencial e isso não costuma ser muito tranquilo de lidar. Pode acontecer de nos enchermos de atividades (mesmo coisas não significativas) e arrastarmos o trabalho final de semana adentro só para não termos que lidar com o fato de que não sabemos o que queremos fazer com nossa vida.

Meu primeiro processo de coaching teve o objetivo de entender como eu poderia lidar melhor com meu tempo. E minha coach, a Marlene Salomé, disse que era difícil "começar a trabalhar menos" se eu não soubesse o que eu queria "viver mais". Aquilo foi um tapa na cara para mim (dos bons!).

Ela me perguntou o que eu gostava de fazer quando não estava trabalhando. Percebi que não sabia responder. E aí foi um longo processo de resgate de mim, do que gostava de fazer, do que queria começar a praticar, mas ainda não era boa (cozinhar, por exemplo). Era mais cômodo continuar trabalhando, pois nisso eu já era boa. No entanto, apenas o trabalho não estava preenchendo todas as minhas necessidades.

Às vezes uma agenda cheia pode evitar que olhemos para alguma dor. É como se fossem band-aids que colocamos em cima de uma ferida ainda aberta. E pode ser um artifício válido em alguns momentos, mas em determinado ponto precisaremos encarar o que está por trás disso. E talvez precisemos de ajuda profissional para lidar com essas dores.

Aproveite esse momento para se perguntar: o que a sua agenda diz sobre você e sobre a forma como está construindo sua vida?

Para finalizar essa reflexão, Tony Tarantini – que foi quem me deu o *insight* para escrever esta parte do livro – traz sua visão sobre a gestão do tempo ser, na verdade, a gestão da nossa energia. Tony é um estudioso sobre temas de desenvolvimento humano, coach, professor e consultor na área de pessoas e negócios.

GESTÃO DA ENERGIA E PROPÓSITO

Tony Tarantini

O que significa viver uma vida com Propósito no dia a dia?

Um piloto de Fórmula 1 sabe que para chegar a ganhar o campeonato precisa cuidar de muitas coisas e não somente de saber correr rápido: conhecer bem o carro, cuidar das suas evoluções durante o ano, estudar os circuitos (principalmente aqueles mais difíceis), preparar o seu corpo e a sua mente por meio de treinamento de força, resistência e resiliência pela gestão dos momentos de estresses e pelas decisões difíceis durante todo o ano.

Ter uma vida vivida com Propósito tem muito a ver com um campeonato de Fórmula 1. Somos seres energéticos e essa energia oscila. Portanto, precisamos de uma utilização habilidosa e contínua e um treinamento específico das nossas quatro energias: a espiritual, a física, a mental e a emocional.

Em especial, precisamos dos conhecimentos e das habilidades de:

1. **Monitoramento**: para saber os nossos limites e potenciais e quanto as situações afetam quantitativamente e qualitativamente os nossos "reservatórios".

2. **Recuperação**: para recarregar plenamente as "baterias" sabendo que cada um de nós é diferente e que temos que criar nossas próprias rotinas.

3. **Treino**: para conseguir aumentar as nossas capacidades, assim como a nossa resiliência, fundamentais para podermos aumentar o nosso nível de ambição e nossos resultados.

4. **Planejamento**: para organizar a nossa agenda energética que vai nos permitir dedicar prioritariamente as melhores energias nas atividades que mais impactam e fazem mais sentido para nós.

5. **Bom uso**: para ser eficientes e eficazes em cada atividade por meio de hábitos específicos, minimizando os gastos e aproveitando ao máximo o prazer e significado da intensidade.

> Propósito é disciplina, ambição e crescimento contínuo e, por isso, precisamos que o nosso principal e mais precioso recurso, a energia, seja aproveitada ao máximo.
>
> Então, como está hoje a sua "agenda energética"?

DICA 18
A agenda é o espaço onde o Propósito
encontra uma vida Significativa na prática

Atividade 2 – Estratégias para sustentação

Cada pessoa sabe qual é a melhor estratégia (ou combinação de estratégias) para se manter no caminho.

A **gestão do tempo**, que acabamos de discutir, pode ser uma estratégia poderosa.

Há quem inclua na agenda, toda semana, um **momento para refletir** sobre o projeto e escrever em um diário, por exemplo. Todo domingo à noite, antes de dormir, eu paro e escrevo no diário a respeito de como estou caminhando, o que está me atrapalhando, como posso me cuidar mais. Assim, garanto que eu não perca a consciência do que está acontecendo comigo.

Podemos também nos apoiar nas **nossas crenças** para ajudar na sustentação de nosso processo de mudança. Pode ser fazer uma oração à noite, ir a uma igreja ou centro espírita uma vez por semana. É uma estratégia na linha do ritual, mas conectado a algo maior, se fizer parte do que você acredita.

Outra estratégia é trocar ideias com nossa **rede de apoio**. Pode escolher uma única pessoa em quem confia (quem sabe pode ser o seu companheiro de jornada deste guia) e marcar conversas a cada quinze dias sobre como está o seu processo de desenvolvimento. Pode inclusive ser uma troca: cada um conta como está em relação a seus desafios e conquistas. E pode ser interessante identificar também diferentes pessoas da sua rede de apoio, com diferentes papéis: afetivo (aquelas pessoas que sabem acolher e dar colo), provocador (aquelas que dão um tapa na cara com amor para você enxergar o que precisa), orientador (aquelas conselheiras que sempre dão boas ideias), conhecedores (aquelas que têm grande conhecimento de alguma área e podem ajudá-lo a saber mais também). Isso ajuda a ter clareza do que cada um pode oferecer quando precisar.

Você pode também criar um **mantra pessoal**. Escolher qualidades que sabe que possui (podem ser as mais citadas pelas pessoas que o conhecem) para lhe dar força em momentos difíceis. Eu fiz uma atividade de *feedbacks* em um processo de coaching e identifiquei as três qualidades mais citadas. Aí fiz meu mantra: "Carol, você é uma pessoa do bem, verdadeira e positiva". Quando a coisa aperta e estou muito angustiada ou com medo de uma situação que vou enfrentar, respiro e falo esse mantra. Isso me conecta com a minha parte luz, com minha autoconfiança e até com minha espiritualidade. Isso me traz tranquilidade.

Uma estratégia que pode ser importante é cuidar dos seus **recursos financeiros**. Dinheiro também é um recurso que pode dar liberdade para fazer escolhas. Seja para mudar de emprego ou de carreira, para fazer um curso importante para os seus projetos de vida, para iniciar um negócio. Então pode ser necessário definir uma forma de conseguir formar uma reserva mês a mês para ter esse recurso para a liberdade!

E agora eu pergunto a você: qual será a sua estratégia para garantir que todo o seu processo de mudança não caia na rotina e seja deixado de lado? Qual é a ação ou conjunto de ações que vai escolher para apoiá-lo a se manter no foco?

Como garantir que eu me mantenha firme no meu Propósito?
O que me dará forças para continuar minha caminhada?

Excelente! A sua mudança vai se sustentar no tempo!

Está pronto para amarrar todo o seu processo de desenvolvimento?

···························

DICA 19

Estabeleça estratégias para
se manter no caminho

···························

Integrando seus aprendizados no Canvas

Você caminhou bastante para chegar até aqui. É hora de visualizar todo o seu processo de desenvolvimento no Canvas de Propósito.

Vamos preencher passo a passo. O canvas está na página 223. Então conforme for acessando suas respostas para cada "caixinha", preencha o seu canvas.

1. Minhas principais forças

O primeiro passo é começar em você, o nosso barqueiro. Resgate as qualidades que você já elegeu na seção de Autoconhecimento (páginas 132-140). Escolha aquelas que mais podem lhe ajudar a realizar seu Propósito de Vida e registre-as no seu canvas.

No meu caso, acredito que as minhas principais forças são: boa percepção de pessoas, amorosidade, organização, visão prática e capacidade de conexão de conceitos. Quais são as suas principais forças, aquelas que lhe dão base para conseguir realizar seu Propósito?

2. Meu motivo

Reveja a sua história de vida. Onde se encontram as raízes do seu Propósito? O que o motiva a fazer algo em prol de outras pessoas?

Lembrando que muitas vezes o propósito nasce de um ponto de dor, de algo que nos faltou e trouxe dificuldades, pois dali pode nascer uma vontade de fazer com que outras pessoas não tenham que passar por aquilo. Pode nascer também de um ponto de abundância, de algo que recebemos tanto que não imaginamos como outras pessoas podem não ter. Então passamos a trabalhar para proporcionar isso para os outros.

Olhando para a minha história, meu motivo tem muito a ver com a dificuldade que senti de entender quem eu era e qual o valor que eu

Desenvolvendo o seu propósito em 5 etapas **219**

tinha. Sofri muito em algumas situações como término de namoro, mudança de escola, escolha profissional, por não ter clareza do que eu tinha de bom. Depois de muita terapia e das experiências da vida, fui ganhando clareza das minhas qualidades, forças, valores, capacidades e das minhas limitações também. Isso me trouxe paz. Então me motiva muito poder ajudar outras pessoas a não sofrerem tanto por não terem clareza de suas capacidades e a identificar o que querem fazer com tudo que têm de bom.

3. A que quero servir

São as causas ou pessoas "além de si" para onde você irá direcionar suas forças, seus recursos. Lembre-se do Ikigai (aquilo que o mundo precisa) e da atividade do tio rico que deixou uma herança para você na condição que você doe parte dela para uma causa. É para essa causa ou para essas pessoas a que o seu propósito será direcionado.

Compartilho aqui o que descobri até o momento sobre a quem quero servir: quero ajudar no desenvolvimento de pessoas (ajudar pessoas a se conhecerem e colocarem seus talentos no mundo), especialmente jovens, profissionais e professores.

4. Serviços que posso prestar

Os serviços podem ser na forma de funções, produtos ou projetos.

Eu posso prestar o serviço de ajudar as pessoas a se desenvolverem na minha função de professora, coach, autora, facilitadora de workshops. Posso também prestar meus serviços por meio de produtos: aulas de Propósito e Projeto de Vida, Coaching, Livro, Workshops. E posso ainda definir projetos específicos para prestar meu serviço: criar uma rede de coaches e mentores para apoiar empresas com propósito, desenvolver uma formação on-line para professores que trabalham com projetos de vida dos alunos.

Então procure pensar como pode servir à causa que é importante para você. Seria por meio de alguma função/profissão que você tem? Por meio de um produto que possa entregar? Ou por projetos que possa desenvolver?

5. Meu Propósito

O Propósito pode seguir a forma "Quero _____ (VERBO) _____ (PESSOAS/CAUSAS) por meio de _____ (ATIVIDADES) com _____ (MINHAS QUALIDADES)."

Lembre-se que essa frase pode mudar ao longo da vida, mas é importante assumir um propósito para chamar de seu. Mesmo que não tenha todos os elementos ou ainda que tenha dúvidas sobre alguns deles, procure registrar o que tem até o momento. Isso trará foco para as suas próximas ações no mundo.

Nesse espaço eu escrevi: "Quero ajudar pessoas a descobrirem seus Propósitos de Vida por meio de atividades de desenvolvimento pessoal (aulas, workshops, palestras, livros) a partir da minha combinação de rigor e afeto".

Veja que não precisa seguir à risca a estrutura de frase proposta, mas tente incluir os elementos que compõem o propósito, pois isso pode trazer clareza (inclusive clareza do que você ainda não descobriu). Saber o que não sabemos é muito importante para ligarmos o radar da descoberta!

6. Recursos internos

Os recursos são os remos que nos movimentam, nos energizam. Este é o espaço para você incluir os recursos que possui internamente. Os recursos internos podem ser suas crenças, sua fé, seus valores. É importante detalhar cada recurso: quais crenças que o apoiam nas horas difíceis? O que ajuda você a ter vontade de realizar seus sonhos? Quais valores o norteiam na hora de tomar decisão? Do que você não abre mão?

Meus recursos internos são: fé (acreditar que existe um sentido para a vida e que tudo o que acontece é com o propósito de evoluirmos), valores de verdade, cuidado com o outro e autocuidado, crença de que tenho que fazer a minha parte no processo de evolução e não apenas esperar que "a vida aconteça", mas também respeitar o fluxo da vida.

7. Recursos externos

Os recursos externos são os aspectos que estão fora de você, mas que pode usar para impulsioná-lo. Podem ser pessoas com quem pode contar (para diferentes finalidades: afetiva, impulso, profissional, conhecimento), recursos financeiros, formações, cursos e certificados, conexões com pessoas e instituições que podem ser parceiras na realização do seu propósito. Procure escrever o nome das pessoas para ter clareza de quem você pode acessar quando precisar (e cuidar da relação com elas ao longo do tempo para não as acessar só quando você precisa delas). Deixe os recursos o mais detalhado e explícito possível.

Neste espaço eu incluí meu marido, família e amigos (é importante escrever o nome das pessoas mais importantes), reserva financeira, diplomas e certificados, e instituições/redes em que posso me apoiar para fazer projetos (Pecege, PMI-SP, Germinar).

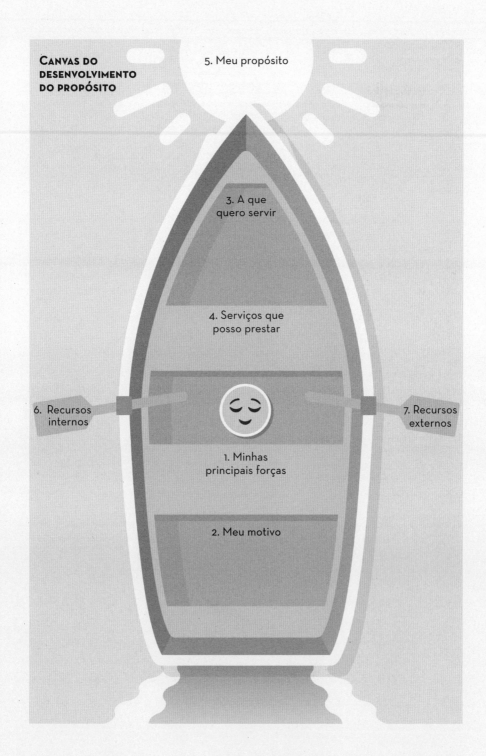

[exemplo do meu canvas]

5. Meu propósito
Quero ajudar pessoas a descobrirem seus Propósitos de Vida por meio de atividades de desenvolvimento pessoal (aulas, workshops, palestras, livros) a partir da minha combinação de rigor e afeto.

3. A que quero servir
Desenvolvimento de pessoas (ajudar pessoas a se conhecerem e colocarem seus talentos no mundo), especialmente jovens, profissionais e professores

4. Serviços que posso prestar
• Workshops, aulas, livros, palestras sobre Autoconhecimento e Propósito de Vida
• Projetos coletivos: rede de coaches, curso on-line voltado a professores...

6. Recursos internos
Fé, valores de verdade, cuidado com o outro e autocuidado, crença no protagonismo e no fluxo da vida

1. Minhas principais forças
• Percepção de pessoas
• Amorosidade
• Organização
• Visão prática
• Capacidade de conexão de conceitos

7. Recursos externos
Meu marido, família, amigos (nomes deles), formação (GV/USP, EcoSocial), redes do Pecege, PMI-SP e Germinar

2. Meu motivo
Tive muita dificuldade para entender quem eu era e qual era o meu valor. Sofri muito em algumas situações por não ter clareza do que eu tinha de bom. Depois de muita terapia e das experiências da vida, fui ganhando clareza das minhas qualidades e limitações. Isso me trouxe paz. Então me motiva muito poder ajudar outras pessoas a não sofrerem por não terem clareza de suas capacidades e a descobrir o que querem fazer com tudo que têm de bom.

Nesse momento, peço a você que retome ao início deste guia, lá onde escreveu o seu objetivo e justificativa (páginas 21 e 23). Como avalia o resultado da sua jornada? Há coisas que ainda precisa buscar compreender ou fazer? Há pontos que ganhou na sua trajetória que nem faziam parte do seu objetivo inicial (bônus)?

E como se classifica quanto ao seu Propósito? Desengajado, Sonhador, Amador, com Propósito? (páginas 35-37). Algo mudou?

Faça aqui a avaliação do seu processo

4

AJUDANDO OUTROS
EM SEUS PROPÓSITOS

•••••••••••••••••••••

Uma vez que você desbravou essa jornada em direção ao seu Propósito, tem condição de apoiar outras pessoas a trilharem esse caminho. Seja no papel de pai, de professor, de líder ou influenciador (esse último papel pode ser para todos nós!), pode contribuir para a descoberta do propósito de outros.

E, ao fazer isso, talvez já seja uma forma de realização de parte de seu propósito pessoal. :)

Vamos dar mais esse passo?

Aos Pais

Para discutir o papel dos pais no desenvolvimento do Propósito dos filhos, vou trazer a contribuição de um grande especialista na área: William Damon. Antes de se dedicar ao tema de Propósito, Damon tinha como foco de sua pesquisa a Educação moral de crianças e adolescentes. Publicou livros importantes sobre o tema, entre eles o "Some do care: contemporary lives of moral commitment" (Alguns de fato se importam: vidas contemporâneas de compromisso moral, em tradução livre).

Para ele, os pais têm um papel fundamental como orientadores e apoiadores na descoberta e desenvolvimento do Propósito dos filhos. Alerta, no entanto, para não quererem definir os projetos de vida e propósito no lugar de seus filhos.

Em seu livro "The Path to Purpose", que foi trazido para o Brasil com o título "O que o jovem quer da vida?"[1], Damon dedica um capítulo inteiro para o papel dos pais no propósito (*parenting for purpose*). Ele traz algumas orientações que merecem nossa atenção:

- Prestar atenção nos "sparks" (faíscas) e depois estimular as chamas.[2]
- Aproveitar as oportunidades de abrir um diálogo sobre propósito.
- Ser aberto e apoiador quanto aos interesses que forem manifestados.
- Transmitir o próprio propósito e o sentido que deriva do trabalho.
- Oferecer sabedoria sobre os aspectos práticos na vida.
- Introduzir as crianças a mentores potenciais.
- Encorajar uma atitude empreendedora.
- Nutrir uma perspectiva positiva sobre a vida.
- Incutir nas crianças a noção de protagonismo e responsabilidade.

Vou fazer alguns destaques nas proposições do Damon. E antes disso, queria que mesmo que você não seja pai ou mãe, procure adaptar estas colocações para o seu papel de mentor e influenciador de outras pessoas, sejam elas de qualquer idade. Por exemplo, você pode apresentar amigos a mentores potenciais. Isso não é uma ação exclusiva para crianças.

E vamos a alguns destaques!

Estar atento aos interesses e aptidões (*sparks*) dos filhos pode ser de grande ajuda no processo de desenvolvimento do Propósito. Durante a infância, estimular que a criança se dedique a assuntos que se interesse (pode ser um esporte, um hobby, um tema como "os dinossauros") pode favorecer que ela desenvolva suas habilidades e aprofunde seus conhecimentos. A experimentação é um pilar importante para o desenvolvimento do propósito. E, mais tarde, conforme essa pessoa tiver

---

1. DAMON, W. *O que o jovem quer da vida?* São Paulo: Summus, 2009.
2. Em inglês, *Listen closely to for the spark then fan the flames.*

que decidir por sua profissão e trabalhos, lembrá-la de seus interesses e habilidades da época de criança pode ser muito significativo.

De acordo com a teoria dos setênios, a fase dos 0 aos 7 anos (primeiro setênio) é um momento em que a criança manifesta a sua essência e tem clareza de sua missão. Independentemente de sua crença sobre vir ou não para este mundo com uma missão, nessa etapa a pessoa apresenta características muito essenciais.

Quando pesquisei pessoas com propósito, os interesses e aptidões muitas vezes já despontavam desde essa fase inicial. Portanto, os pais podem exercer um papel importante como guardiões da memória da infância dos filhos.

Manter uma postura aberta quanto aos interesses manifestados nem sempre é fácil. Os pais têm expectativas para os filhos e querem protegê-los de escolhas que podem tornar seu caminho mais difícil. No entanto, por mais difícil que seja reconhecer isso, nem sempre os pais têm como saber o que é melhor para seus filhos. Deixar a liderança da vida com eles, para que tenham seus próprios erros e acertos, é importante para que exerçam o seu protagonismo na vida. Confiar no processo da vida não é simples, mas é algo importante.

Reconhecer que outras pessoas podem oferecer caminhos, orientações, conhecimentos e ajudar a desenvolver habilidades nos filhos, mais até do que eles mesmos como pais, demanda humildade e muito amor. Apresentar os filhos a mentores potenciais pode ser um papel fundamental, seja esse mentor um coach em algum esporte, um professor, um tio, um amigo que conheça muito de algo que seja alvo do interesse do filho.

E no que diz respeito ao seu trabalho, Damon orienta os pais que não tratem o trabalho como um peso ou um "mal necessário". Isso pode criar um sentido negativo relacionado ao papel do trabalho na vida da criança. Esse ponto exige que os próprios pais façam essa reflexão sobre o trabalho e a conexão com seus propósitos pessoais.

Quisera os pais serem pessoas com plena clareza de seus propósitos, sempre coerentes quanto a suas escolhas e dedicados a implementar ações no mundo em linha com seus valores e identidade. Os pais são antes de tudo seres humanos, com suas dúvidas, angústias e vulnerabilidades.

Não espere ser perfeito como pai ou perfeita como mãe. Ter a consciência da importância, assim como dos limites de seu papel, já pode ser de grande ajuda para o desenvolvimento do propósito de seus filhos.

Aos Professores

Os professores costumam ser muito cobrados por todos os lados. Governo, instituição de ensino/escola, pais, colegas e alunos, cada um traz uma nova demanda para o professor.

E desde a última Base Nacional Comum Curricular (BNCC), os professores do Ensino Fundamental e Médio estão sendo cobrados por promover a reflexão sobre os Projetos de Vida dos alunos. Independente do nome (Projeto ou Propósito de Vida), que já discutimos no início desse livro, dar espaço para essa descoberta e construção por parte dos alunos exige preparo e formação dos professores, o que nem sempre acontece.

E é difícil oferecer algo que não temos para o outro. Assim, é importante que o professor experimente também fazer essa trajetória na direção do seu propósito. De acordo com Heather Malin, diretora de pesquisa no Centro de Estudos sobre adolescência da Universidade de Stanford (*Stanford University Center on Adolescence*):

"Eu não acredito que você possa ser verdadeiramente focado no propósito de vida dos seus alunos se você não explorou o seu próprio propósito.[3]*" (MALIN, 2018, p. 13).*

Assim, o primeiro passo para poder apoiar os alunos em seus projetos de vida e propósitos é explorar o seu próprio propósito.

Vou compartilhar alguns aprendizados como professora da eletiva de "Coaching para Projeto de Vida" no Ensino Superior.

Um dos pontos mais desafiadores para mim foi me colocar ao lado dos alunos e não "acima". Em algumas instituições há um tablado para o professor subir e falar a partir de um nível acima dos alunos. Descer desse pedestal de superioridade e entender que na aula todos nós

---

3. Em inglês, *I do not believe you can be truly focused on your students' purpose if you haven't explored your own.*

éramos responsáveis pela dinâmica e pelo aprendizado não foi simples. Cheguei a mudar o layout das carteiras e colocar todas em formato de roda, para que ficássemos todos no mesmo nível e podendo nos olhar.

Compartilhar algumas vulnerabilidades (especialmente por meio da minha história de vida) foi algo bem difícil no início. Senti medo de os alunos me acharem "fraca", "frágil" e até mesmo "incapaz" de exercer meu papel de liderança na sala.

Eu fazia todas as atividades que propunha a eles e compartilhava meus resultados. A História de Vida era justamente uma das primeiras atividades. A primeira vez que fui contar minha história na roda de alunos fiquei muito angustiada. Eram meus alunos do semestre anterior da disciplina de Gerenciamento de Projetos, que tinha muitos assuntos técnicos e muitas cobranças de entregas. Meu papel tinha sido bem hierárquico, de controle. E, de repente, algumas semanas depois, estava eu compartilhando meus momentos de alegria, de dúvida, de dor. Nunca vou esquecer de ter terminado de contar minha história e perguntado aos alunos como era para eles ouvir a professora contando a vida dela. Um dos meus alunos, o Mike, me disse:

– Professora, eu já te admirava e agora só admiro ainda mais.

Nossa! Que alívio eu senti ao ouvir aquilo!

Alguns ainda estavam sem fala, alguns segurando a emoção. Umas alunas comentaram que era engraçado ver que a professora também tinha tido o coração partido como elas.

Naquele momento senti que me tornei humana para os alunos.

No entanto, não é fácil trabalhar temas que mexem com as emoções deles. Alguns têm traumas difíceis do passado que deixaram bem escondidos por não estarem prontos para lidar. De repente, lá estavam perguntas, atividades, exercícios que os faziam olhar para o passado e para tudo o que viveram. Por mais que eu fizesse uma preparação, orientasse que eles se respeitassem no processo, não se forçando a olhar para assuntos que ainda não se sentiam preparados, alguns ficaram bem mexidos.

Tive que indicar para alguns deles que buscassem um psicólogo, para lidar melhor com essas questões. Foi um passo importante para eles. Foi necessário reconhecer meus limites como educadora. Não sou psicóloga, assistente social ou qualquer outra profissão que me ajudasse a ter base para apoiá-los com essas questões. E ainda que eu tivesse essa formação, não era meu papel.

Além disso, dar espaço para a emoção (de alegria, tristeza, gratidão, compaixão) que emerge no processo de descoberta de si é um desafio. Tivemos que autorizar o choro na aula. Precisei ensinar os meninos a chorar (fazia com ar de brincadeira, mas eu percebi que muitos não sabiam o que fazer com as lágrimas!). Os outros professores chegaram a comentar com o coordenador que os alunos estavam chegando com os olhos vermelhos nas aulas deles, após a minha aula e fui chamada na sala da coordenação para conversar. Ainda bem que o meu coordenador, o Hong Ching, era bastante aberto e tinha grande confiança no meu trabalho.

Quem tiver interesse em saber mais sobre todo esse processo que desenvolvi com os alunos, incluindo as atividades que propus, pode acessar minha tese de doutorado por meio do QRCode ou do link abaixo. Procurei ser muito aberta e compartilhar com detalhes o que fiz para facilitar que outros professores pudessem aplicar em suas aulas.

https://bit.ly/3gPLKaG

De qualquer forma, foi um dos trabalhos mais recompensadores que já fiz. Ter oportunidade de acessar a vida e emoções de tantas pessoas me humanizou. Percebi que temos dores e amores comuns e enfrentamos os eventos da vida de forma diferente. Foi uma honra ter experienciado essa proximidade com meus alunos. Recomendo!

A seguir, a Carolina Costa Cavalcanti, doutora em Educação pela USP e autora do livro "Metodologias inov-ativas: na educação presencial, a distância e corporativa", compartilha sua visão sobre a importância da reflexão do propósito para professores.

PROFESSORES COM PROPÓSITO DE VIDA

Carolina Costa Cavalcanti

Ser professor nunca foi uma tarefa fácil e tem sido ainda mais desafiador nos últimos tempos. Exige que o educador tenha consciência sobre quais são os seus valores e as motivações que o levaram a escolher a carreira docente. Demanda que reflita sobre como esta profissão atribui sentido à sua vida e por que insiste em ser professor apesar de muitas vezes enfrentar condições de trabalho difíceis, ser mal remunerado e pouco reconhecido.

Como educadora há mais de 20 anos, já passei por diferentes momentos em minha carreira docente. Alguns foram muito difíceis e outros bastante recompensadores. Voltando no tempo, lembro-me que algumas vezes cogitei mudar de carreira, mas nunca o fiz, pois no fundo não me via fazendo outra coisa na vida. A verdade é que a docência é uma parte fundamental do meu Propósito de Vida. Tem me mobilizado a ampliar diariamente a minha compreensão sobre o que o mundo precisa, como a Educação pode responder a estas necessidades e como posso contribuir na formação das novas gerações. Essa consciência norteia as minhas decisões, projetos que desenvolvo e me preenche de esperança, resiliência e muito propósito. É isso que me motiva a reconhecer que, como professora e formadora de outros professores, preciso me reinventar como profissional para inovar com propósito em Educação.

A Educação tem por missão formar as pessoas integralmente para que vivam de forma plena em um mundo em constantes transformações. Os problemas que enfrentamos como sociedade são complexos, não lineares e carecem por soluções que abarcam dimensões sociais, ambientais, tecnológicas, políticas, culturais, econômicas (só para mencionar algumas).

Sabemos que escolas, universidades e programas de educação corporativa devem propiciar experiências de aprendizagem significativas enquanto desenvolvem em crianças, jovens e profissionais, competências fundamentais no século 21. Chama a atenção que várias das competências (como criatividade, empatia, liderança, resiliência, cooperação etc.) listadas em documentos norteadores são de cunho socioemocional ou comportamental. Só podem ser desenvolvidas se o aprendiz atuar como protagonista de sua aprendizagem. Ou seja, o papel do professor já não é aquele tradicional, centrado na transmissão de conteúdos. Foi ampliado para facilitador, mediador, autor/curador/produtor de conteúdos, líder de projetos, comunicador, dentre outros. Por isso, a necessidade de cada professor inovar de forma alinhada com o seu propósito. Mas isso não é tudo.

Ajudando outros em seus propósitos **233**

Hoje vejo que parte central da reinvenção da prática docente passa pela necessidade de o professor ter clareza de seu propósito para que possa conduzir alunos e profissionais na linda jornada de desenvolvimento de seu próprio Propósito de Vida, orientado por um sentido ético pessoal e que contemple a dimensão social. Isso pode ser feito por qualquer professor, em qualquer contexto de aprendizagem, desde que abrace a sua singularidade e atue como agente de transformação na vida das pessoas. Com isso, nós professores temos o privilégio de contribuir de forma ainda mais potente para construir um mundo melhor. Afinal, uma vida com propósito pode frutificar em incontáveis propósitos de vida.

Aos Líderes

Muitas pessoas adultas dedicam a maior parte do seu tempo de vida ao trabalho. Logo, é importante que esse possa ser um espaço de realização de sentido, de propósito.

Vejo pessoas que segregam o trabalho e a vida, como se o trabalho não fosse parte da vida, mas apenas algo necessário para ter os meios financeiros para sustentar a vida pessoal, que é onde residem os afetos, as alegrias e o sentido.

Muito bem... e você, líder? O que tem a ver com isso tudo?

O líder é um dos elementos de um time, mas exerce uma influência grande sobre o ambiente de trabalho e a microcultura da sua área.

Apoiar os liderados a encontrar seus propósitos e realizá-los por meio do trabalho exige espaço para conhecer cada um em sua individualidade (e ajudá-los a se conhecer, reconhecendo aptidões e potencialidades), estímulo a reflexões e trocas, além de abertura para expressão de sentimentos (incluindo insegurança, medo, angústia, frustração). Dá trabalho!

Quando as pessoas sabem por que se levantam da cama para ir trabalhar e percebem que o que entregam sob forma de trabalho tem sentido para elas, tendem a se dedicar de corpo e alma, trazendo sua energia, criatividade e superando as adversidades que surgem no caminho.

E como líder, você pode contribuir para definir de forma clara o propósito da sua área e até mesmo da empresa como um todo, estimulando que esse trabalho de identificação do Propósito seja promovido.

A revista Exame de maio de 2019 trazia na capa o título: "A força do Propósito". Eles divulgaram uma pesquisa das consultorias McKinsey e EY comparando empresas **com** e empresas **sem** Propósito. O resultado dessa comparação é que nas empresas com Propósito temos o seguinte cenário:

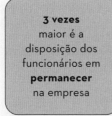

3 vezes maior é a disposição dos funcionários em **permanecer** na empresa	1,7 vez maior é o nível de **satisfação** dos funcionários com o próprio trabalho	10 vezes superior é o **retorno financeiro** para os acionistas
120% maior é o desempenho de **marcas** que se associam ao bem-estar social	89% dos consumidores acreditam que empresas com propósito entregam **produtos melhores**	72% dos consumidores **recomendariam** uma empresa com propósito em seus círculos sociais

Como se pode notar, empresas com Propósito têm um maior índice de retenção e satisfação de seus colaboradores, trazem maior retorno financeiro aos acionistas e mostram aos consumidores que têm melhores produtos.

Então vale a pena realizar esse trabalho de identificação do Propósito corporativo.

No livro do Simon Sinek "Encontre o seu porquê", o autor orienta como promover esse trabalho na organização, baseado no Golden Circle, que já discutimos no início do livro. Ele desdobra o *"why"* da empresa nos propósitos das diversas áreas que a compõem. A ideia é que haja um alinhamento do Propósito desde a organização, passando pelas áreas até chegar no nível individual.

Ajudando outros em seus propósitos 235

Talita Cordeiro comenta a seguir sobre o papel dos líderes no desenvolvimento do Propósito de seus times. A Talita é consultora associada da Entre Consultoria, na área de Desenvolvimento Organizacional, e professora em diversos cursos de pós-graduação executiva.

LIDERANDO COM PROPÓSITO

Talita Cordeiro

Engajar o time com a organização e seus resultados é um dos principais desafios dos líderes atualmente. E não são poucos desafios. Liderar exige muitas habilidades, dedicação e decisões.

Ouço líderes se queixarem da sensação de "enxugar gelo", ou seja, trabalhar incansavelmente e não progredir no desenvolvimento e entregas da equipe.

Liderar pessoas como se elas fossem peças de uma engrenagem os coloca nessa posição. Reconhecer a potência, os talentos, vontades e aptidões de cada pessoa e montar um mosaico colocando cada um desses elementos no lugar em que ele mais se destaca, criando o conjunto da obra, é a maestria da liderança.

A jornada é longa. São inúmeros desafios. Primeiro, para apoiar sua equipe, você, líder, deve ser o primeiro a trilhar essa jornada de autoconhecimento, empatia, experimentação, planejamento e sustentação, e com consciência! Somente assim, você será capaz de apoiar a sua equipe nesse caminho, com conversas, perguntas, feedbacks, desafios, novos projetos. Promover o desenvolvimento pessoal e profissional de cada membro de sua equipe e juntos desenvolver o senso de propósito coletivo é o que traz esse engajamento poderoso que todos os líderes sonham!

Já ouvi muitas vezes a preocupação: "mas se eu estimular os membros da minha equipe a perseguirem seu propósito, eles podem deixar a empresa ou mudar de área e eu tenho muitas entregas para garantir, não posso perder essa pessoa". Mais um dos inúmeros dilemas da liderança... Esse pensamento é muito recorrente. Minha resposta é: "Se o propósito dessa pessoa é em outra direção, você acha que ela vai lhe entregar seu máximo potencial aqui?". Não, não vai.

Todo líder também merece uma equipe engajada e alinhada com o que ele e a organização entregam para os clientes e para o mundo. Conversas maduras, na hora certa, com honestidade e transparência garantem que ambos tenham sucesso: o membro do time, que segue firme em direção ao seu propósito, e o líder, que estimula as pessoas a serem autênticas e comprometidas com o seu bem-estar, compondo um time de pessoas que escolhe estar trabalhando e construindo algo juntas, todos os dias.

> Inclusive, a construção do propósito do time é um excelente exercício de criação de vínculo e compromisso, onde o líder pode exercer seu papel de facilitador, estimulando o protagonismo da equipe em uma construção do que realmente importa e que legado esse time quer deixar para a organização, clientes, stakeholders e para o mundo.
>
> Liderar, em sua essência mais pura, já tem relação com o propósito, pois é uma das principais formas de alcançar algo que gera consequências no mundo além do eu.

Aos Influenciadores

Quando me refiro aos influenciadores, não estou focando apenas nos "influencers", ou seja, aquelas pessoas que despontam nas mídias sociais e muitas vezes promovem produtos dos mais variados tipos. Qualquer um de nós pode ser um influenciador no mundo ao nosso redor.

Influenciamos nossos amigos, parceiros, colegas, filhos, sobrinhos, alunos, padeiro, porteiro.... todas as pessoas com quem cruzamos no nosso caminho.

> *Em tudo, o nosso sentimento é o que importa. A intenção, boa ou má, influencia diretamente nossa vida no futuro. Qualquer ação, por mais simples que seja, se feita com coração, produz benefícios na vida das pessoas. – Buda*

Ter essa intenção consciente de ajudar pessoas a se conhecerem e fazerem escolhas coerentes com quem elas são e com quem querem ser no futuro o torna um influenciador do Propósito.

E isso pode ser feito com ações simples, mas que podem ser muito significativas para a outra pessoa. Às vezes é reconhecer um "*spark*" (capacidade ou interesse) na outra pessoa e comentar com ela: "puxa, que legal ver como você tem uma capacidade incrível de conectar pessoas!". Às vezes enxergamos também um potencial da pessoa em fazer algo a partir de um interesse: "vejo você fazendo vários cursos de desenvolvimento... seria tão legal ver você compartilhando com outras pessoas o que aprendeu!".

Ajudando outros em seus propósitos **237**

Podemos ajudar as pessoas à nossa volta a lembrar quem elas são, o que é importante para elas de verdade. Vejo amigos se distanciando de suas famílias, de suas paixões para se dedicar insanamente ao trabalho, quando muitas vezes essa ocupação não traz verdadeiro sentido na vida delas. Ou começam a pensar em dinheiro, fama e poder e se esvaziar de sentido. Chamar para um café e relembrar quem elas são na essência pode ser muito importante. E pode ser uma perguntinha simples, mas poderosa como: "como você está cuidando do que é importante para você no meio dessa correria?".

Estimular que as pessoas olhem à sua volta, ajudem outras pessoas, reflitam sobre o que as incomoda no mundo pode ser legal para rompermos com esse olhar "ensimesmado" (só olhar para si mesmo) e a cultura egocêntrica em que muitos de nós vivemos.

Todo esse processo que você viveu no livro pode ser importante para outros também: autoconhecimento, empatia e conexão com o mundo, experimentação, planejamento, sustentação das mudanças no dia a dia. Quem sabe você se torna um embaixador do Propósito de Vida? :)

E não esqueça de si nesse processo. Conforme evoluímos como pessoas, naturalmente, trazemos evolução ao nosso meio. Então, mantenha seus rituais de reflexão e autocuidado para não entrar no turbilhão da vida e esquecer de si.

O Dr. Alberto Nery é psicólogo e um influenciador muito consistente da logoterapia, a proposta de processo terapêutico da busca por sentido fundada por Viktor Frankl. Em depoimento para o livro, ele comenta sobre a intenção de ajudar as pessoas por meio do seu conhecimento da logoterapia.

INFLUENCIANDO POR MEIO DA LOGOTERAPIA

Alberto Nery

Acredito que cada vez mais chegamos a um consenso sobre a importância da Psicologia na vida do indivíduo contemporâneo. Via de regra, as pessoas que tiveram a oportunidade de passar pelo processo psicoterapêutico relatam os múltiplos benefícios que colheram dessa escolha.

No entanto, o acesso à Psicologia acaba por ser um privilégio dos poucos que possuem recursos para arcar com os custos das sessões. Para completar o cenário de intangibilidade, a Psicologia enquanto ciência acaba ficando restrita aos círculos acadêmicos, às dissertações, teses e artigos que raramente chegam ao grande público e que, quando chegam, são incompreensíveis.

As redes sociais chegaram derrubando esses muros e permitindo que o conhecimento psicológico chegasse diretamente ao grande público, sem necessitar do agenciamento vicário da academia. Não somente através de livros, como os escritores de autoajuda faziam, mas de uma forma mais completa, com aulas, psicoeducação, diálogos e uma forma atual e simples para se falar do tema.

Foi no fluxo dessa abertura que iniciei meu trabalho de tornar conhecida do grande público a teoria a qual já estava estudando e utilizando como ferramenta há alguns anos: a logoterapia de Viktor Frankl.

O interesse das pessoas foi muito além do esperado. Literalmente, milhões de pessoas já visualizaram ou interagiram com os conteúdos apresentados. Tenho convicção que entre as razões para esta aceitação, está o fato de que a teoria oferece uma resposta para algumas das grandes dores da atualidade: a busca por um sentido na existência e a necessidade de viver uma vida com propósitos.

Mais do que uma teoria importante, a logoterapia se apresenta como uma teoria necessária aos nossos dias. Principalmente por ser um conhecimento acessível e pelas inúmeras oportunidades de diálogo que abre com os campos da Educação, Desenvolvimento Humano e as múltiplas áreas da saúde.

Se por um lado já estamos a par do quanto as redes sociais podem ser tóxicas e prejudiciais ao indivíduo, por outro, o bom uso pode ser fonte de luz nesse ambiente. Cabe a cada um que faz uso das redes para transmitir uma mensagem ter consciência do alcance e do poder de ajudar que tem em suas mãos. Essa também é uma forma de viver com um propósito.

É importante lembrar que cada um tem um alcance diferente. Há pessoas que atingem milhares de pessoas com seus canais digitais, como é o caso do Dr. Alberto Nery, mas há pessoas que impactam "somente" as pessoas à sua volta. Não tem melhor ou pior.

E vejo que essa cobrança por ter um impacto mundial não tem sentido. Cada pessoa tem um papel, um propósito e não precisamos nos cobrar para ser nada além do que autenticamente somos.

Então, influencie quem você sentir no seu coração que deve. E silencie se achar que também pode ser necessário. Não precisamos nos obrigar a mudar o mundo inteiro à nossa volta, apenas fazer o que sentimos que é o nosso chamado.

Escute a sua voz da razão. Escute seu corpo. Escute o seu coração. E faça o que sentir que é a sua parte no processo da vida.

Mensagem final

· · · · · · · · · · · · · · · · · · · ·

Espero que este livro tenha apoiado você a dar um passo na direção do seu Propósito. Que você tenha se conhecido melhor, se conectado com o mundo ao seu redor, experimentado fazer coisas diferentes para testar seu propósito, planejado os seus próximos passos na vida e definido como irá sustentar seu processo de desenvolvimento ao longo do tempo.

Desejo que siga seu caminho de forma autêntica, sendo muito honesto consigo quanto ao que faz sentido para a sua vida e o que não faz. Que dê os "nãos" necessários para projetos e pessoas que precisar. Que lembre que é humano e que não tem como acertar sempre. E que mantenha uma rotina de autocuidado para fazer checagens constantes sobre como está o seu caminhar.

Se achar que precisa buscar apoio para lidar com aspectos que emergiram na sua experiência com o livro, procure um psicólogo para aprofundar nas suas reflexões. Um profissional pode ajudá-lo a lidar com aspectos que às vezes não conseguimos compreender ou superar sozinhos.

Que você coloque seus talentos a serviço das pessoas e contribua para fazer desse mundo um lugar cada dia melhor. Obrigada pela confiança de trilhar uma parte do seu caminho de desenvolvimento ao meu lado.

Para saber mais!

· · · · · · · · · · · · · · · · · · · ·

As seguintes pessoas contribuíram para este livro escrevendo pequenos trechos a partir de seus conhecimentos específicos.

Alberto Nery
Psicólogo, Doutor e Mestre em Psicologia pela USP e criador do IPLogo – Instituto de Psicologia e Logoterapia, sediado em São Paulo. Tem dedicado sua carreira ao ensino e prática da Logoterapia, a Psicologia do Sentido da Vida, tanto no contexto clínico como acadêmico e organizacional.
Instagram: @logoterapiabr

Carolina Costa Cavalcanti
Doutora em Educação pela USP. É autora de livros sobre Educação Digital e Design de experiências de aprendizagem inovadoras. É professora na Fundação Dom Cabral e coordena a pós-graduação "Escola Transformadora" no Singularidades. Ama apoiar o desenvolvimento de propósito de educadores e, com isso, fomentar mudanças relevantes em instituições.
Site: www.carolinacostacavalcanti.com

Daniela Silvares

Psicóloga, Terapeuta da Criança Interior e Facilitadora Sistêmica. Trabalhou por 14 anos na área de recursos humanos atuando em grandes corporações e, em 2014, fez uma transição de carreira seguindo um chamado profundo para desenvolver trabalhos voltados ao autoconhecimento e mergulho interior.

Instagram: @dani.silvares

Leila Oliveira Brito

Especialista em Psicologia Junguiana pelo IJEP. Graduada em Psicologia pelo Centro Universitário Paulistano. Psicóloga clínica há 13 anos, já atuou na área de RH, docência e como pesquisadora na área de Avaliação Psicológica. Interessada na compreensão de todos os aspectos que compõem a nossa personalidade.

Instagram: @leilabrito_psicologa

Marisa Bussacos

Aconselhadora Biográfica, Coach e Facilitadora de processos e pessoas com base na Antroposofia. Uma de suas maiores realizações é inspirar e estimular as pessoas a se conectarem consigo mesmas e com os seus sonhos, apertando uma pausa no piloto automático.

Instagram: @marisabussacos

Raylla Pereira de Andrade

Psicóloga clínica de adultos e casais, que deixou sua posição de gerente de RH após 10 anos nesta área para se dedicar à sua paixão de levar o tema de Comunicação Não-Violenta a mais pessoas, seja em programas abertos, em organizações ou instituições de ensino. É professora em programas de pós-graduação na FIA/USP e no MBA USP/ESALQ.

Instagram: @raylla.p.andrade

Sandra Quinteiro
Comunicóloga de formação, educadora por vocação. Experiente em formação de lideranças e de equipes, engajamento de públicos de interesse e condução de processos de tomada de decisão participativa. É uma facilitadora de descobertas que pergunta, provoca, cutuca e, também, acolhe, ou seja, sabe chacoalhar, mas também embalar.
Instagram: @quinteiro.sandra

Talita Cordeiro
Mestre em Gestão de pessoas e graduada em Administração pela FEA-USP. Liderou projetos de desenvolvimento organizacional e gestão de talentos e ocupou posições executivas em grandes organizações. Atua como coach, consultora e professora, apoiando indivíduos e organizações em seu desenvolvimento contínuo, com profundidade e assertividade.
LinkedIn: https://www.linkedin.com/in/htalitacordeiro

Tony Tarantini
Apaixonado pelo Desenvolvimento Humano, Tony adora descobrir e experimentar novas abordagens para desenvolver as atitudes e comportamentos humanos nos ambientes de negócios. Tony é professor da ESCP Europe e da ESA Beirut e tem uma longa experiência internacional como consultor, gerente, treinador e coach de executivos.
LinkedIn: https://www.linkedin.com/in/tonytarantini/

Referências

••••••••••••••••••••

ACHOR, Shaw. *O jeito Harvard de ser feliz*: o curso mais concorrido de uma das melhores universidades do mundo. São Paulo: Saraiva, 2012. p. 64.

ANDONOVSKA, Aleksandra. Alfred Nobel created the Nobel Prize as a false obituary declared him "The Merchant of Death". The Vintage News, 14 out. 2016. Disponível em: https://www.thevintagenews.com/2016/10/14/alfred-nobel-created-the-nobel-prize-as-a-false-obituary-declared-him-the-merchant-of-death/#:~:text=Alfred%20Nobel%20had%20the%20unpleasant,newspaper%20mistakenly%20published%20Alfred's%20obituary.&text=To%20Alfred%2C%20this%20obituary%20was%20a%20warning._Acesso em: 10 jul. 2021.

ANDREWS, Evan. Did a Premature Obituary Inspire the Nobel Prize? *History*, 9 dez. 2016. Disponível em: https://www.history.com/news/did-a-premature-obituary-inspire-the-nobel-prize. Acesso em: 10 jul. 2021.

ARANTES, Ana Claudia Quintana. *A morte é um dia que vale a pena viver*: e um excelente motivo para se buscar um novo olhar para a vida. Rio de Janeiro: Sextante, 2019. p. 42-43.

ARAÚJO, U. F. *et al*. Principles and methods to guide education for purpose: a Brazilian experience. *Journal of Education for Teaching*, v. 42, n. 5, p. 556-564, 2016. doi: 10.1080/02607476.2016.1226554.

ARNETT, J. J. *Emerging adulthood*. New York, NY: Oxford University Press, 2015.

BABA, S. P. *Propósito*: a coragem de ser quem somos. Rio de Janeiro: Sextante, 2016.

BATISTA, J. C. O. *A ética dos filósofos*: Aristóteles e Epicuro. Disponível em: https://www.conteudojuridico.com.br/open-pdf/cj047069.pdf/consult/cj047069.pdf. Acesso em: 17 jun. 2020.

BENSON, P. L. *Sparks*: how parents can help ignite the hidden strengths of teenagers. San Francisco, California: Jossey-Bass, 2008.

BRONK, K. C. *Purpose in life*: a critical component of optimal youth development. Springer Dordrecht Heidelberg, London, New York: Springer, 2014.

BRONK, Kendall Cotton. The role of purpose in life in healthy identity formation: a grounded model. *New Directions for Youth Development*, n. 132, p. 31–44, 2011. doi: 10.1002/yd.426.

BROWN, B. *A coragem de ser imperfeito*. Rio de Janeiro: Sextante, 2016.

BROWN, B. Site oficial. Disponível em: https://brenebrown.com/. Acesso em: 25 jun. 2021.

BURKHARD, Gudrun. *Biográficos*: estudo da biografia humana. São Paulo: Antroposofia no Brasil; Sociedade Antroposófica do Brasil; Associação Tobias, 2006.

CERVONE, D.; Lawrence, P. *Personality: theory and research*. 14. ed. Hoboken, NJ: John Wiley & Sons, 2019.

CLARK, T. *Business Model You*: o modelo de negócios pessoal. Rio de Janeiro: Alta Books, 2013.

COVEY, S. *os sete hábitos das pessoas altamente eficazes*. 91. ed. Rio de Janeiro: Best Seller, 2021.

DAMON, W. *The path to purpose*: helping our children find their calling in life. New York: Free Press, 2008. p. 33.

DAMON, W.; MENON, J.; BRONK, K. C. The development of purpose during adolescence. *Applied Developmental Science*, v. 7, n. 3, p. 119–128, 2003.

DAMON, William. *O que o jovem quer da vida?* São Paulo: Summus, 2009.

ERIKSON, E. H. *Identidade*: juventude e crise. Rio de Janeiro: Zahar Editores, 1976.

FINOCCHIO, José. *Project Model Canvas*. São Paulo: Saraiva Uni, 2020.

FRANKL, V. *Em busca do sentido*: um psicólogo no campo de concentração. 46. ed. Petrópolis: Editora Vozes,2019. p. 101.

FRANKL, V. *Psicoterapia e sentido da vida*: fundamentos da logoterapia e análise existencial. 6. ed. São Paulo: Quadrante, 2016. p. 102.

GARCIA, H.; MIRALLES, F. *Ikigai*: o segredo dos japoneses para uma vida longa e feliz. Rio de Janeiro: Editora Intrínseca, 2016.

KRZNARIC, Roman. *O poder da empatia*: a arte de se colocar no lugar do outro para transformar o mundo. Rio de Janeiro: Zahar, 2015.

MACHADO, N. J. *Educação*: projetos e valores. 6. ed. São Paulo: Escrituras Editora, 2016.

MALIN, H. *Teaching for Purpose*: preparing students for lives of meaning. Cambridge, Massachusetts: Harvard Education Press, 2018.

MALIN, H.; REILLY, T. S.; QUINN, B. Adolescent purpose development: exploring empathy, discovering roles, shifting priorities, and creating pathways. *Journal of Research on Adolescence*, v. 24, n. 1, p. 186-199, 2013. doi: https://doi.org/10.1111/jora.12051.

MINISTÉRIO DA EDUCAÇÃO. *Base Nacional Comum Curricular – Educação é a Base*, 2018. Disponível em: http://basenacionalcomum.mec.gov.br/images/BNCC_EI_EF_110518_versaofinal_site.pdf. Acesso em: 7 jul. 2021.

MORAN, S. Youth purpose worldwide: a tapestry of possibilities. *Journal of Moral Education*, v. 46, n. 3, p. 231-244, 2017. DOI: 10.1080/03057240.2017.1355297.

ONU. *Os Objetivos de Desenvolvimento Sustentável no Brasil*. Disponível em: https://brasil.un.org/pt-br/sdgs. Acesso em: 12 jul. 2021.

OSTERWALDER, A.; PIGNEUS, Y. *Business Model Generation*: inovação em modelos de negócios. Rio de Janeiro: Alta Books, 2011.

PORFÍRIO, F. *Eudaimonia*. Disponível em: https://mundoeducacao.bol.uol.com.br/filosofia/eudaimonia.htm. Acesso em: 17 jun. 2020.

PROJECT MANAGEMENT INSTITUTE - PMI. Um Guia do Conhecimento em Gerenciamento de Projetos (Guia PMBOK). 6. ed. Pensilvânia: Project Management Institute, 2017. p. 1.

RMCHOLEWA. *A Origem do Famoso Gráfico de Venn do Ikigai*, 20 dez. 2018. Disponível em: https://rmcholewa.com/2018/12/20/o-famoso-grafico-de-venn-do-ikigai/. Acesso em: 08 jul. 2021.

ROBBINS, S.; JUDGE, T. A.; SOBRAL, F. *Comportamento organizacional*: teoria e prática no contexto brasileiro. 14. ed. São Paulo: Person Prentice Hall, 2010.

SELIGMAN, M. E. P. *Florescer*: uma nova compreensão sobre a natureza da felicidade e do bem-estar. Rio de Janeiro: Objetiva, 2001.

SELIGMAN, M. E. P. *Florescer*: uma nova compreensão sobre a natureza da felicidade e do bem-estar. Rio de Janeiro: Objetiva, 2001.

SINEK, S. *Encontre seu porquê*: Um guia prático para descobrir o seu propósito e o de sua equipe. Rio de Janeiro: Sextante, 2018.

SINEK, S. *Por Quê?* Como Motivar Pessoas e Equipes a Agir. São Paulo: Saraiva, 2012.

SHINODA, Ana Carolina Messias. *Desenvolvimento do propósito de vida de estudantes no ensino superior de Administração*. 2019. Tese (Doutorado em Administração) – Faculdade de Economia, Administração e Contabilidade, Universidade de São Paulo, São Paulo, 2019. Disponível em: https://www.teses.usp.br/teses/disponiveis/12/12139/tde-06022020-174305/pt-br.php. Acesso em: ago. 2021.

TED "Como grandes líderes inspiram ação". Disponível em: https://www.ted.com/talks/simon_sinek_how_great_leaders_inspire_action?language=pt-br. Acesso em: 22 jun. 2021.

THE SCHOOL OF LIFE. *Grandes Pensadores*. Tradução de Beatriz Medina. Rio de Janeiro: Sextante, 2018.

UNICAMP. Blog dos estudantes. *Por que os jovens profissionais da geração Y estão infelizes?* Disponível em: https://demografiaunicamp.wordpress.com/2013/10/30/porque-os-jovens-profissionais-da-geracao-y-estao-infelizes/. Acesso em: 9 jul. 2021.

WARREN, R. *Para que estou na Terra?* Uma vida com propósitos. São Paulo: Editora Vida, 2013.

WINN, M. Ikigai with Marc Winn, 11 out. 2019. Disponível em: https://www.youtube.com/watch?v=AC6vtCqwjLM. Acesso em: 21 jul. 2021.